本书由上海文化发展基金会图书出版专项基金资助出版
"十二五"国家重点出版物出版规划项目

当代哲学问题研读指针丛书
逻辑和科技哲学系列

张志林　黄　翔　主编

科学定律

朱宝荣　著

Law of Science

复旦大学出版社

内容提要

本书以辩证唯物主义为指导,借助现代科学研究成果,对国内外有关科学定律的研究成果、理论学说做了全面、系统的整理、研究与评析,形成了一个相对完整的有关科学定律的知识体系。该体系的研究与阐述,能引导哲学专业的学生全面理解科学定律的本质特征、主要类别、认识功能与形成科学定律的基本过程,从而懂得科学认识的基本进程,全面理解知识论与马克思主义认识论,掌握现代认识论的基本框架;能给国内科技哲学与认识论研究者有所启示,拓展其研究思路,提升其进行科学定律与现代认识论研究的实际水平;能使科学工作者系统了解探索自然规律的基本程序及其科学研究各环节中各种科学方法的运用范围、认识功能、不足之处与使用时的注意事项,有助于科学工作者加速科研进程、掌握客观规律、建构科学定律。

本书可作为高等院校哲学与科学所属各专业的教学参考材料,适用于在读本科生、研究生以及教学、科研人员,对科技工作者与科技管理人员也会有所裨益。

作者简介

朱宝荣，心理学博士，复旦大学哲学学院教授、博士生导师，中国自然辩证法研究会常务理事，上海市自然辩证法研究会副理事长，《自然辩证法研究》杂志编委。著有《能力》、《现代心理学方法论研究》、《心理哲学》、《心理学原理与应用》、《应用心理学》等20多部著作及撰有120多篇学术论文。在复旦大学从教已有40多年，曾为本科生、硕士生、博士生开设过各类课程20多门。曾获复旦大学教学优秀成果奖、上海市哲学社会科学优秀著作三等奖。

丛书序言

　　哲学这门学科特别强调清晰的概念和有效的论证。初学者在首次接触哲学原典时难免会遇到两重技术上的困难：既要面临一整套全新又颇为费解的概念，又要力图跟上不断出现的复杂论证。这些困难是所有初学者都要面临的，并非中国人所独有。为了帮助初学者克服这些困难，西方尤其是英语学界出现了大量的研读指针读物，并被各大学术出版社如牛津、剑桥、劳特里奇、布莱克韦尔等，以 Handbook、Companion、Guide 等形式争相编辑出版。另外，网上著名的《斯坦福哲学百科全书》也具有相同的功能。这些读物解释了哲学原典中所讨论问题的历史背景和相关概念，提供了讨论各方的论证框架，并列出相关资料的出处，为学生顺利进入讨论域提供了便利的工具。可以说，绝大多数英语国家中哲学专业的学生，都曾或多或少地受惠于这些研读指针读物。

本丛书的基本目的正是为中国读者提供类似的入门工具。丛书中每一单册对当代逻辑学和科技哲学中的某一具体问题予以梳理,介绍该问题产生的历史背景和国内外研究的进展情况,展示相关讨论中的经典文献及其论证结构,解释其中的基本概念以及与其他概念之间的关系。由于每册都是从核心问题和基本概念开始梳理,因此本丛书不仅是哲学专业的入门工具,也可以当作哲学爱好者和普通读者了解当代哲学的一套具有学术权威性的导读资料。

丛书第一批由复旦大学哲学学院的教师撰写,他们也都是所述专题的专家。各单册篇幅均不甚大,却都反映出作者在喧嚣浮躁的环境中潜心问学的成果。在复旦大学出版社的积极倡导下,本丛书被列入"国家'十二五'重点图书",并获得"上海文化发展基金"的出版资助。对复旦大学出版社的大力支持,对范仁梅老师的辛勤劳作,丛书主编和各册作者心怀感激之情!在此还值一提的是,身为作者之一的徐英瑾教授特为每册论著绘制了精美的人物头像插图,希望它们能为读者在领略哲学那澄明的理智风韵之外,还能悠然地享受一些审美的愉悦。

张志林　黄　翔

2014 年 12 月

前言

人类要在自然环境中更好地生存与发展，必须努力探索自然、掌握自然规律，且以这种规律性认识为指导，才有助于在改造自然的实践中达到预期目的、实现主观愿望。当人类获得了有关自然界的规律性认识，且用科学语言形式加以表述，便形成了"科学定律"。科学定律是反映自然事物或现象之间的必然性关系的科学命题，是科学理论的构成要素。

国内学界对科学定律已有较长的研究历史，尤其是从事科学认识论与科学方法论研究的学者对该主题的研究已获得了大量学术成果，使我们对科学定律的性质、分类、功能等诸多方面有了相对全面而深入的理解。不过时过境迁，现代哲学研究以及现代科学飞速发展所增添的新的科学定律在一定程度上已丰富了人们原先对科学定律的理解，因而有必要对学界的最新研究成果进行概括、总结，围绕科学定律这一主题做更为深入、系统的思考,以充实其内容、扩展其内涵,使其更具现代性特征。为此,笔者参阅了学界取得的最新研究成果与突破性进展,且凭借自身的知识背景及多年潜心研究,对科学定律所涉内容做了系统梳理与概括,构建起本书的写作体系。本书论述的主要内容包括:

其一,在人类发展初期阶段,早期人类之所以会想到要认识自然、掌握自然规律,这与人的生存环境和本质特征是紧密相关的。本书在分析了人与自然既统一又矛盾的特殊关系后,阐明了:人类出于自身生存与发展需要,引发了认识与改造自然的需求,而区别于一般动物的特质,又使人类具备了将这种需求转化为可能的条件。正是这种需求与可能的统一,使人类成为地球上唯一能认识自然、掌握自然规律、构建知识体系,乃至形成科学定律的智者。那么,人类究竟通过哪些路径才能有效地认识自然、掌握自然规律,为形成科学定律奠定基础条件?本书遵循历史唯物主义的理论学说,以社会发展史与科技发展史为线索,详细分析了生产实践和科学实践对科学知识的积累与体系建构所发挥的独特作用。本书还就科学定律作为科学理论体系中的构成要素,对其应有的重要地位与作用做了论述。

其二,作为科学命题的科学定律,就形式与内容而言,其本质特征究竟反映在哪些方面?而不同的科学定律究竟按怎样的评判标准才能对其做出科学、合理的分类?对此,本书以辩证唯物论为指导,概括、总结出科学定律的四种基本特征,即具体性与抽象性的统一、主观性与客观性的统一、普遍性与局限性的统一、确定性与非确定性的统一。并以现代科学各学科及分支学科的现有科学定律为例,依次解说了这四种基本特征作为科学定律应有属性所具有的客观性与普遍性。此外,本书按抽象性与概括性程度不同,大致将科学定律分为四大类,即经验定律与理论定律;全称陈述定律与概率陈述定律,且对每一类科学定律的形成过程、表述方式、主要特点与认识功能等均做了较为详细的阐述,从而有助于科技工作者在具体使用各类科学定律时,有所遵循与思考。

其三,只有在进行科学研究、掌握客观规律、获得科学发现的前提下,才有可能形成相对正确的科学定律。然而,科学研究极为复杂。从严格意义上讲,科学研究并不存在一种供人刻板地加以套用的模式;也不存在一种凝固不变的逻辑通道,使人能按图索骥地发现自然规律、做出科学发现、进而形成科学定律。科学研究必须充分发挥认识的能动作用,创造性地构思且合理地运用各种方法,才能达到其预设目标。诚然,科学研究的这种能动性、创造性特征并不意味科学研究是一种无序化、随意性的实践活动,科学研究须经历一系列基本环节(或阶段)。据此,本书全面、系统地论述了从事科学研究须经历的主要环节,诸环节之间彼此连接,便构成了以形成科学定律为目标的科学研究的基本程序。

其四,在科学研究中,其探索之成败、收获之多寡,不仅取决于研究者是否有决心与毅力,能否付出超过常人的辛苦和汗水,还取决于研究者所选择与运用的是何种方法。事实上,科学研究的每一环节与步骤都离不开研究方法,研究方法贯穿于研究过程始终,渗透于研究者的一切活动之中,以形成科学定律为目标的科学研究更是如此。笔者认为,形成科学定律常用的思维方法大致可概括为三大类,即逻辑思维方法、直觉思维方法与科学思维方法。本书详尽论述了三类思维方法中的每一种具体方法的基本特征、认识功能及其使用时的注意事项。所涉内容能给科学研究者以一定的启发与帮助,更能使初涉研究领域的年轻人在接受研究方法的指导后达到缩短其不出成果的学习阶段,这有助于培养人才、早出人才。

其五,科学定律是客观规律的反映,这种规律性认识的价值、意义集中体现在能对科学实践发挥其应有的作用。笔者在本书中将科学定律的作用概括为三方面,即解释功能、指导功能与预测功能。然而,任何认识形式都是在特定时空背景下的认识,其客观性、有效性、真理性程度都是具体的、历史的与有限的,科学定律作为一种认识成果也不例外。就科学定律而言,笔者认为其历史局限性主要体现在三方面,即科学认识主体的认识水平、科学研究所依赖的科学仪器与设备的精度与先进性程度、科学实践的广度与深度。正因为科学定律形成时会受诸多因素的影响,所以特定历史时期形成的科学定律仅是相对真理，它们必然会随时代背景的变化而在其所特设的条件、适用范围、揭示的数量关系、表述形式等诸多方面有所变化，以便能更精准地反映客观事物，因此科学定律的形变与发展是一种必然现象。本书将科学定律的形变与发展概括为两种形态，即渐进性发展与革命性变革，并就两种发展形态的具体形式、所涉内容及其重要意义等均做了较为详细的论述，还引用典型案例加以具体说明，因图文并茂，很有说服力。

总之，本书对与科学定律相关的内容做了相对全面、系统的论述，期望本书能对国内学界的研究思路有所启发与拓展。诚然，本书的研究与分析无疑是初步的，但此类研究与分析则具有一定的理论意义与现实意义。

研究科学定律的理论意义在于，认识论是哲学体系的重要组成部分，当前，以认识与掌握自然规律为目的的科学认识论已成为现代认识论发展的主要取向之一，而为形成各类科学定律对自然事物所做的深入探究已成为助推科学认识论形成与发展的源动力。因此，本书全面、深入地研究了科学定律形成的具体进程，这不仅有助于完善与发展科学认识论，而且能拓展以往认识论研究的范围，掌握更多的认识规律，丰富与发展马克思主义认识论，建构起现代认识论框架。

研究科学定律的现实意义在于：其一，本书围绕科学定律所做的研究与阐述（尤其是对科学研究进程及其研究方法的论述)对科技人员具体从事科学研究以及加速其研究进程具有一定的启发与帮助。因为,一个研究者只要不脱离研究实践,且不断以身"试错",从亲身经历中不断总结经验、教训,迟早会学会研究,掌握种种研究方法。这是因为,方法是和规律相平行的认识,遵循规律就成了方法。开始在研究中获得了某种规律性的认识,然后自觉运用这种规律去认识自然事物或现象,就成了科学方法。诚然,为掌握研究所需要的一整套正确的方法,仅凭个人亲身实践是不够的,还须接受有关研究方法的指导。因为,一个研究者通常只能活跃在一个相对狭窄的研究领域,即使一个具有相当天赋和研究能力的研究者,其实践的能力和范围也总是有限的。而许多研究方法则带有很大的概括性,单凭研究者个人的实践经验很难形成一套完整的研究方法。另外,如研究工作所需的方法都仅凭研究者个人去探索,那漫无边际的探索将会耗费研究者许多年华。相反,如研究者在从事研究工作之前能接受系统的关于研究方法的指导,以了解与懂得研究工作的一般程序、操作技术与正确的思维方法,这无疑会有助于自己的成长,早出研究成果。正如英国科学家威廉·贝弗里奇(William Ian Beardmore Beveridge)所说:"人们普遍认为,多数人的创造能力很早就开始衰退。对于一个科学家来说,姑且假定他迟早会懂得怎样最好地进行研究工作,但如果完全靠自己摸索,到他学会这些方法时,他最富有创造力的年华或许已经逝去。

因此，如果在实践中有可能通过研究方法的指导来缩短研究者不出成果的学习阶段，那么不仅可以节省训练的时间，而且这种研究者做出的成果也会比一个用较慢方法培养出来的研究者所能做的多得多。这只是一种推测，但其可能具有的重要意义是值得考虑的。"（W. I. B. 贝弗里奇：《科学研究的艺术》，科学出版社，1979年版，"序言"）由此可见，熟知探索自然规律、形成科学定律的认识进程和科学研究方法要比科学研究本身更具现实意义。一项具体的科学研究成果固然能加速人类对某一自然事物或现象的认识水平，并在一定程度上促进科学的发展，但它的影响多半是局部的。而科学认识进程和科学研究方法方面的研究成果——研究的战略与战术一旦为广大科学研究者所掌握与利用，对于多出科研成果、早出人才有极大的助推作用，其影响面将扩展至整个学科领域乃至整个科技领域。其二，本书对科学认识进程的研究与阐述有助于现代认识论体系的建构，而认识论体系的完善与现代建构有助于充实与更新高校马克思主义哲学教学的具体内容，提升哲学教学的针对性与实效性。就此意义而言，本书论题的研究也可看作是"马克思主义理论研究和建设工程"这一思想理论建设与学术创新的组成部分之一。

朱宝荣
2015年9月

目录

前言 / 1

第一章　导论:客观规律与科学定律 / 1
　　第一节　人与自然:既统一又矛盾 / 2
　　第二节　生产实践:在与自然相互作用中认识自然 / 6
　　第三节　科学实践:认识自然规律的有效路径 / 13
　　第四节　科学定律:反映客观事物本质的必然性判断 / 16

第二章　科学定律的基本特征与分类 / 21
　　第一节　科学定律的四种基本特征 / 21
　　第二节　科学定律的两种分类方式 / 33

第三章　形成科学定律的基本程序 / 43

第一节　确定研究对象 / 43

第二节　获取经验事实 / 69

第三节　整理、处理与分析科研资料 / 108

第四节　提出科学假说 / 122

第五节　形成科学定律 / 138

第四章　形成科学定律的思维方法 / 148

第一节　逻辑思维方法 / 149

第二节　直觉思维方法 / 167

第三节　科学思维方法 / 174

第五章　科学定律的认识功能与发展形式 / 206

第一节　科学定律的认识功能 / 206

第二节　科学定律的发展形式 / 214

附录 / 238

参考文献 / 243

第一章
导论：客观规律与科学定律

科学定律是反映自然事物、现象之间必然性关系的科学命题，是人脑对客观规律的相对正确的反映，是建构科学理论的基本要素。一个科学定律一旦形成，就能正确地解释相关的事物或现象，有效地指导科学认识活动，相对准确地预测事物或现象的未来变化与发展趋势。正因为科学定律如此重要，才促使人们努力探究自然，试图把握自然规律，以形成能正确反映事物或现象规律的科学定律。然而在科学尚未兴起的远古时代，人类起初缘何要探索自然、以了解自然规律，即人类认识自然的动力究竟来自何种需要，进而人类又采取哪些途径与方式去有效地认识自然、揭示客观规律，为形成科学定律奠定基础，这是两个紧密相关的问题。前者涉及的是科学知识对人类的必要性，后者涉及的则是科学知识获取的可能性。

第一节 人类与自然:既统一又矛盾

300多万年前,在自然物质系统演化的特定阶段,地球上出现了人类。所以,人本身是自然界的产物,是在自己所处的环境中并和这个环境一起发展起来的。然而,从纯自然中分化出的人类自诞生之日起,就与自然处于既统一又矛盾的关系之中。

人与自然之所以是统一的,因为人是自然界整体中的一部分,人要生存、要发展必须依附于自然,即人需要自然界为自己提供必要的物质资料和生存环境。所以,马克思指出,人在肉体上只有靠这些自然产品才能生活,不管这些产品是以食物、燃料、衣着的形式还是以住房等等的形式表现出来。正是人对自然界的高度依赖,决定人必须与自然和睦相处,位于统一的整体之中。

人与自然除了具有统一的一面之外,还有相互矛盾、彼此对立、冲突的一面。当自然界无法提供人类所需要的生活物质资料与生存环境时,或者人类为了自身的生存与发展,力求创造一个更适合自己生活的人化自然时,人类必然要想方设法改变自然现状,即试图能动地干预与变革自然,迫使其满足人类的各种需求。此时,人类就可能与自然处于激烈的矛盾状态。诚然,在人类发展的不同历史年代,由于人类自身能力及其社会生产力发展水平不同,人类与自然的抗争形式及实际效果呈现明显差异。在人类发展的早期阶段,由于人类对自然的改造能力十分有限,人类不得不屈从于自然,受自然支配与控制。正如恩格斯所说:"自然界起初是作为一种完全异己的、有无限威力的和不可制服的力量与人们对立的,人们同自然界的关系完全像动物与自然界的关系一样,人们就像牲畜一样慑服于自然界。"①

但人类经历了一个漫长的发展时期后,随着社会生产力的提高以及制造与使用工具的技术水平的提升,人类自身能力获得极大增强,人类对自然的干预和影响也随之逐渐提高,人类开始主动地改变自己与自然的关系图式。尤其到了近代,生产的发展、科技的进步、各类机器的产生与完善,使人类在与自然的矛盾冲突中,明显地占据主导地位,人类能按自己的意愿,能动地驾驭和改造自然。

在人与自然的矛盾、冲突中,人类之所以能占据主导地位,与人所具有的本质特征(即主观能动性的发挥)是紧密相关的。人所特有的主观能动性主要体现在两个方面:其一,人类不是消极地适应自然,而是试图通过改变自然,以满足自己生存与发展的需要。恩格斯曾指出:"……,动物仅利用外部自然界,简单地以自己的存在在自然界中引起改变;而人通过他所做的改变来使自然界为自己的目的服务,来支配自然界,

---

① 《马克思恩格斯选集》,第一卷,人民出版社,1995年版,第81—82页。

这便是人同其他动物的最后的本质的区别,……。"②其二,人类能凭借高度发展的大脑,展开思维活动,并通过制造与使用工具,实现改变自然的目的。一般认为,只有人类才具有对事物的"超前反映能力",即在事物尚未发生变化和形成结果之前,就能对事物未来的变化状态做出相对正确的预判。超前反映增强了人的能动性。当能动性渗入活动之中,这种活动便是有目的性的活动,即在活动展开之前,活动的结果就以观念的形态在人脑中存在了,它成为人活动中自始至终存在的一种驱使、支配和调控力量。正是人的超前反映的思维能力和实践活动的紧密结合,构成了人所特有的高度计划性、明确目的性的行为方式。所以恩格斯说:"人离开动物越远,他们对自然界的作用就越带有经过思考的有计划的,向着一定的和事先知道的目标前进的特征。"③然而有人却认为,除人类之外,有的动物的行为活动也具有目的性、计划性,如动物的本能性行为(蜜蜂营造蜂房)。其实,蜜蜂营造蜂房与人建造房屋存在本质的区别。现代生物学研究表明,动物只能利用自然所提供的现成的物质资料,凭借自然选择塑造的适应性行为方式去构筑得以繁殖与生存所必需的生活环境。而人类则不同,人类能凭借思维,在预见与规划指导下,利用工具,改造

---

② 恩格斯:《自然辩证法》,人民出版社,1984年版,第304页。
③ 同上,第303页。

自然及其自然资源,创造人类所需要的生活、生产产品与生存环境。人类这种有意识、有计划进行的改变自然物的活动,即为劳动。动物的行为方式不是劳动,劳动是人类和自然界相互作用的过程,是人类利用工具改变自然物使之适合自己需要的有目的的活动。从这意义上讲,动物只有本能性行为,而不具有明显的在预见与规划指导下改造自然物的行为取向。正是这种在预见与规划指导下改造自然物的行为特征助推人类摆脱了动物的范畴,即制造工具使古猿转变成人类。制造工具确实体现了人类特有的预见与规划指导下改造自然物的行为取向。即使原始人要制造一把最粗糙的石斧也必须在预见与规划指导下才能实现。因为,制造石斧需要诸多思考,如选用什么石料、加工成什么形状、应具有何种功能、派什么用场等,这一系列思维活动体现了人所具有的预见与规划。而动物由于不具有预见与规划,因而不会制造工具,只能利用自然界现成的物体偶尔将其作为工具。古猿会从碎石中挑选具有锋利面的石块将其作为工具,并知道这种具有锋利面的石块用来砍树,能取得很好的砍树效果。但这种作为工具的具有锋利面的石块并不是古猿故意制造的,而是自然界现成提供的,即山石由于某种自然力的作用,从山上滚到山下,由于重力使山石崩裂成大小不同、形式各异的碎石块,其中具有锋利面的石块就可能被古猿选中,将其作为砍树的工具。

正因为人类与自然界存在既统一又矛盾的这种特殊关

系,而人类自身又具有区别于一般动物的主观能动性,这就决定了人类认识自然、改造自然既有需要又有可能。于是,人类在与自然的相互作用中,充分发挥应对自然、利用自然的特殊能力,为了解、认识、把握自然,揭示其客观规律进而形成科学定律、构建科学知识体系奠定了坚实基础。

第二节 生产实践:在与自然相互作用中认识自然

人类要生存与发展必须依附自然,同时了解与认识自然,那么人类通过何种途径才能有效地实现这一目标?马克思曾指出:"劳动首先是人和自然之间的过程,是人以自身的活动来引起、调整和控制人和自然之间的物质交换的过程。"[④]马克思在《1844年经济学哲学手稿》中又指出,只有通过生产劳动,自然才表现它的创造物和它的现实性。可见,生产劳动是人类最基本的实践活动,它能使自然物转化为人所需要的物质生活资料,以满足人类的生存与发展,同时也是人类接触自然、认识自然的基本途径。尤其在人类发展的早期阶段,人类生存必需的生活资料,都直接来自自然界,即物质资料是自然界的直接产物。有鉴于此,人类只有借助于向自然界索取物质生活资料的生产实践,才能生活、生存与发展。就此而论,人类和客观自然界首先发生的是实践关系而非认识关系。

---

④ 马克思:《资本论》,第一卷,人民出版社,1975年版,第201—202页。

然而,实践进程必然也是认识进程,人类要有效地从事自然环境中的生产活动,必须了解自然、探索自然、认识自然。因为,人类在与自然相互作用的生产实践中,必然会观察到种种自然现象,接触到自然界的各个方面,了解到自然物的各种属性,意识到自然现象的种种关系,并试图按自己的意愿,利用自然物的属性与现象间的关系,预见未来或达到有利于自身的目的。由此,伴随生产实践的展开,人对自然界的认识进程也同时展开了。由于人类和被了解、被改造、被利用的客观自然之间在生产实践基础上发生了认识关系,从此人类由实践主体转变成了认识主体,同时作为对象的被利用、被改造的客观自然物也由实践客体转变为认识客体。随着这种生产实践的不断展开与深入,人类的认识能力也随之不断提升,逐渐对自然及自然与自身实践活动的关系获得了两项重要认识:

其一,认识到自然事物的存在与变化均遵循其固有的规律。与自然相互作用的生产实践使人类观察到种种现象,例如,春夏秋冬四季更替、昼夜循环、潮汐涨落、生物生存的周期性变化等,都使早期人类意识到凡自然事物或现象的发生与变化都存在周期性,均遵循其固有的基本秩序。同样,与自然相互作用的生产实践也使人类面临种种问题,例如,如何规避自然风险与灾难,以维护自身安全与生存;怎样在生产实践中具体操作才有利于获得预期的行为结果。诸如此类的具体问题迫使人们对自然事物或现象变化做反复观察,试图寻找其中存在的关联性。这种对事物或现象所做的观察及其关联性思考,实质上就是对事物规律性的探究与把握。因为,规律是事物、现象间的内在本质联系,这种联系会不断重复出现,在一定条件下经常起作用,这就为人们把握、认识、掌握规律提供了可能。当然,这种对自然事物或现象关联性的探索与思考起初可能源于偶然或无意,但伴随生产实践所发生的这种认识活动,必然会转变为经常性、有意识、有目的的行为方式。人类正是通过对各类事物或现象的长期观察与思考,才逐渐认识到,事物的规律性变化早在人类将其作为观察对象之前已经发生了,因而规律性是自然事物本身所固有的,规律如同事物本身一样,具有不以人的主观愿望而改变的客观实在性,这是人类认识水平的重大飞跃。可见,生产实践不仅使人类获得了生活、生存所必需的物质资料,而且在改变客观自然,使其适合人类需要的同时,也改变了人的主观世界——人的认识能力。

其二,认识到自然规律对生产实践的深刻影响。既然规律是自然事物本身所固有的,它不以人的意志为转移,而规律又决定自然事物的性质、内容及其变化进程,因此以自然事物为对象的生产实践必然会受制于客观规律的深刻影响,即生产实践如违背了客观规律,单凭主观意愿盲目蛮干,其结果必然受挫、失败,无法实现预期目的;反之,如顺应事物的变化规律,针对事物的实践活动就可能成功,实现预期的目的。诚然，人的这种认识的取得与强化既伴随生产实践经验的积累而逐渐实现，更得益于自我意识的完善化。从概念上讲，自我意识是对自身的意识活动（观念特征、情绪特征、意向自主性等）加以分析、思考时，所形成的精神自我映象。自我意识作为人所特有的精神现象，其对实践活动的认识意义主要体现在两方面：第一，自我意识能反思得失、合理筹划未来。自我意识能利用表象与语词恢复大脑皮质保留的旧有记忆，重现以往经历，以便重新审视自己的所作所为，分析与评价自身的行为方式，达到反思得失、总结经验与教训的目的。在此基础上，重新筹划计谋，规划未来，并将其目的、内容、结果以观念的形式存在于人脑中，以此指导现实的实践活动。所以，人为实现自己原先设定的目标，总要利用自我意识、经常不断地进行反思，以及时调整偏离目标的行为，力图在计划性与目的性指导下，顺利实现预设目标。第二，自我意识能操纵思维、制作思想产品。思维能超越感知提供的信息，认识那些没有直接作用于感官的事物的属性，揭露事物的本质与规律，预见事物发展、变化的进程。就这一意义上讲，思维远比感知所能认识的领域要更深更广。然而，人的思维活动能得以顺利展开，必须在自我意识的控制之下，自我意识才能起到维持思维活动的指向和使思维活动不断深入的作用。具体而言，思维在自我意识的控制之下，才能利用概念这一工具，对事物进行分析、抽象与概括，或进行判断、推理，以把握事物的本质，形成

"假设"与"预见"之类的思想产品。所以,一切思想产品均是在自我意识的操纵之下,利用思维掌握的概念,经过一系列抽象活动而形成的有关事物的认识。

可见,人与自然相互作用的生产实践一开始就受到人的自觉意愿和思维的控制,整个过程都是为了实现某种预期的意图和目的,即在自觉意识指导下,利用一定手段,使外部对象发生人所需要的改变。然而,人们针对自然对象的预期、目的与意图终究是主观观念,观念性的预期能否通过生产实践变为现实,则受制诸多客观因素,好在人的意识具自我反省的特征。随着改造自然的深入与人对自身生产实践的不断反思,必然会领悟到客观规律对生产实践的深刻影响,从而促进人对制约活动效果的客观规律的关注程度,逐渐懂得人应顺从、敬畏客观规律,进而开始有意识地探究自然规律,并试图掌握自然规律,以增强人对自然反作用的能力与手段。随着对自然规律知识的迅速增加,人对自然实施反作用的手段也增加了。

虽然事物变化的规律不依人的主观意志为转移,因而人须遵循规律,但人在规律面前也不是无能为力的。人在与自然相互作用的生产实践中同样发现,客观自然界的各种事物或现象无论其多么错综复杂,都受严格的因果制约,即某一事物、现象之后,必然会出现另一事物或现象。如果人了解与把握了事物或现象间的这种因果制约性,就能利用或改变某种事物或现象,获得人所预期的某种结果。这种对因果制约性的探究,即是对规律的了解与掌握。只要人们切实掌握了某种规律并利用这种规律性认识指导生产实践,就能预见未来。这种预见越准确、越深远,根据它所拟订的行动计划、方案就越符合客观事物变化的进程,行为就越能发生应有的效果,更为顺利地达到预期目标。这样,人便从顺从、敬畏规律逐渐转向自觉地探索、利用规律,这体现了人主观能动性的突破性进展,人成了真正意义上的认识主体。

不过,人通过生产实践去认识自然规律,以使自然为自己的目的服务,显然要经历漫长的历史进程,其中必存在无数反复、失败与教训。因为要学会更加正确地理解与掌握自然规律是极为不易的。例如,美索不达米亚、希腊、小亚细亚以及其他各地的居民,为了想得到耕地,把森林都砍完了,但他们想不到,这些地方竟因此成为荒芜不毛之地,因为他们使这些地方失去了森林,也失去了积累和贮存水分的中心。为此,恩格斯曾告诫人们:"……我们不要过分陶醉我们对自然界的胜利。对每一次这样的胜利,自然都报复了我们,每一次胜利,在第一步都确实取得了我们预期的结果,但是在第二步和第三步却有了完全不同的、出乎预料的影响,常常把第一个结果又取消了。"[5]人正是在这种极为艰难的反复探索历程中,才逐

---

[5] 恩格斯:《自然辩证法》,人民出版社,1984年版,第304—305页。

渐获得了有关自然的各种规律性认识。

当然,有关自然的种种认识是否正确,是否真正把握了自然规律,须凭借再实践加以检验。当人以某种对自然事物的认识去指导生产实践,如原定的思路、计划、方案等在实践中变成了现实,即达到了预期的目标,便证明这种认识揭示了自然事物的规律,是正确的,否则便是错误的。凭借认识通过实践去再认识或改变事物,事物才会通过实践的结果,给人以回答,对先前认识做出鉴定性结果。人类最初正是通过生产实践这种最基本的社会实践方式与自然界相互作用,从中接触客观事物,取得初步认识,并在实践中检验其认识正确与否,逐渐积累起有关自然的规律性知识,古代科学正是在生产经验积累中逐渐形成的。从这意义上讲,生产实践是科学知识产生的根源。例如,古人在计算时间、制造器具与丈量土地时,会面临诸多数学问题,通过问题的解决,会积累相关数学知识,而数学知识的逐渐系统化、条理化,便形成了古代数学;古人在使用弓箭、改良工具与建造房屋时,也会面临诸多力学问题,通过对此类问题的思考与解决,便能积累有关力学知识,而力学知识的逐渐系统化、条理化,就形成了古代力学;同样,农业生产与航海活动等需要观察天象,从中积累有关天文的知识,此类知识的系统化、条理化,便形成了古代天文学。可见,古代真正意义上的三门科学均是在生产实践推动下产生与发展的。当然,古代科学知识的积累过程在初期十分缓慢且相对肤浅,但此类知识终究是人们生产实践的经验总结,也是人们对自然规律进行初步认识的结果,因此,它们属于萌芽状态的科学技术知识。由于此类规律性知识的点滴积累,为科学技术的产生与发展以及科学定律的形成奠定了基础。

第三节 科学实践:认识自然规律的有效路径

生产实践虽然为人类认识自然事物、把握其发生、发展规律提供了路径,但利用生产实践去认识自然、把握自然规律是相对低效的。因为,生产实践虽然与认识活动融为一体,高效的生产实践需要认识自然规律与运用自然规律,但生产实践的主要目的则是将自然物和能量转化为人所需要的物质生活资料。这种伴随生产实践以获取物质生活资料为目的的认识活动往往具有偶然性、局部性特征,尤其在人类发展的早期阶段更是如此。

相对生产实践,科学实践则是一种有目的、有计划、有高度针对性地研究自然界,以认识自然事物或现象,揭示其规律的实践形式,因而科学实践是认识自然规律更为有效的路径。科学史表明,科学实践形式出现的助推力量是社会生产力的发展。原始社会末期,由于生产力发展,出现了剩余产品,社会就可能将这部分剩余产品供养一部分社会成员,使他们能摆脱获取生活资料的生产实践,而专门从事探索自然、认识自然的科学研究,由此导致体力劳动与脑力劳动的分离,出现了以研究自然为目的的知识分子群体。同时,由于有了文字,使他们的认识成果能得以可靠地记载和广泛地流传。有的古代学者甚至写出了反映自然过程的著作,成为人类科学大厦的奠基石。

然而,科学研究虽然从原始社会末期已分化为一种探索自然事物或现象的社会实践活动,但科学在相当长的历史时期中并未获得独立存在的形式,而是包含在哲学母体之中,以自然哲学这一特殊形式存在。其特点是用思辨与猜测,从总体上把握自然事物的产生、变化与发展规律。这种认识与原始神话以及原始宗教相比,反映了人类在认识自然道路上的一次巨大进步。但由于当时科学尚未对自然整体的部分与细节进行具体剖析,因而人类对自然界的认识是笼统与模糊的。

及至15—16世纪,在哥白尼"日心说"和牛顿力学影响下,近代科学在欧洲兴起,加速了物理学、化学、生物学的发展。由于近代科学强调经验和实验方法,主张用分析、还原思路研究自然,因而在认识自然方面获得了巨大进展。之后经过17、18世纪,近代科学逐渐成形。正如恩格斯所说:"把自然界分解为各个部分,把各种自然过程和自然现象分成一定门类,对有机体内部按其多种多样的解剖形态进行研究,这是最近400年来在认识自然界方面获得巨大进展的基本条件。"[⑥]

[⑥]《马克思恩格斯选集》,第三卷,人民出版社,1995年版,第359—360页。

直至19世纪,人类的科学实践虽然在认识自然的过程中已取得了辉煌的成果,但就整体而言,科学依然是小规模的,只有少数人或兼职人员在从事科学研究。20世纪以来,科学研究的规模逐渐扩大,科学事业成为社会中的一种专门职业。科学研究从少数学者业余的自由探讨、少数人相互协作的集体研究,转变为国家规模甚至国际范围的社会化研究。此时,科学研究工作已建立了一支由科学家、学者、工程师、科技管理专家等组成的庞大专业研究队伍;组成了各种研究机构、学术团体和各级管理组织,并占有社会上的大量人力、物力和巨额社会投资;创建了先进的实验技术设备、研究所、试验基地,积累了丰富的图书、期刊、研究资料,拥有现代化的图书、情报网络系统。正是在这种现代背景之下,科学已成为社会构成中的一个相对独立的社会部门和职业门类,即科学已成为一种社会建制。

科学作为一种社会建制的形成,一方面加速了科学事业的发展与科研成果的大量涌现,另一方面也改变了科学组织与研究形式。20世纪以来,随着各门自然科学学科先后跨入实验科学的行列,科学实验已成为现代科学最为重要的研究形式。由于科学以自然事物为其研究对象,而事物反映的现象极为复杂,一现象常与其他现象处在普遍联系之中,事物反映的某外部现象又大多是事物内部众多因素(或活动)相互影响、共同作用的结果。对于错综复杂的现象联系之网,如单凭科学观察是很难判断引起现象的因素究竟有多少,更难辨认其中哪一因素占据主导地位。而作为科学实践重要形式的科学实验则能凭借仪器、设备,人为地控制现象(或过程)发生的条件,把某一现象(或过程)从多方面的联系之中分离出来,对它进行单独考察;或根据研究需要,排除偶然、次要因素的干扰,突出主要因素,使研究对象的某一(或某些)特性以较为纯化的形式得以显现,便于研究者能准确地认识它;或利用实验条件,促使合乎规律的现象(或过程)反复显现,便于研究者长时间反复观察、研究。正因为科学实验具有单纯凭借科学观察无法比拟的研究优势,它已成为现代人类探索自然奥秘、认识自然规律的强有力的手段,一种能为形成科学定律提供丰富经验事实的实践形式。

第四节　科学定律:反映客观事物本质的必然性判断

生产实践和科学实践能使人们广泛地了解自然事物的各种属性与自然现象间的种种关系,在此基础上,通过认真地分析、研究,并凭借抽象思维的力量,便能认识事物的本质与变化规律,进而形成能反映某类事物本质的必然性判断——科学定律。科学定律的形成过程正如恩格斯所概括的那样:我们思想中把个别的东西从个别性提高到特殊性,然后再从特殊性提高到普遍性;我们从有限中找到无限,从暂时中找到永久,并使之确定下来。

科学定律的本质是对某类事物的判断。不过，判断可分为两类，即经验性判断与理论性判断。在认识事物的经验阶段形成的判断即为经验性判断。如对观察、实验所获得的经验事实做出的描述性陈述便属经验性判断。如一种判断实现对事物本质的认识，达到理论认识的高度，便成为理论知识单元的判断（简称理论性判断）。

理论性判断由于反映了事物、现象间的必然性关系，因而能揭示自然事物的多种属性：

其一，事物变化过程的必然性。科学定律所提供的规律性知识，揭示了事物变化、发展的必然性趋势，因而能预判事物的运动状态及其变化过程。例如"牛顿第一定律"揭示了在无外力作用的情况下物体状态的必然性，即任何物体都会保持静止或匀速直线运动状态。而"热力学第二定律"则揭示了热量总是从高温物体传到低温物体，而不能从较冷的物体自行传递到较热的物体。光的"折射定律"则揭示了光运动过程的必然性，即光在经过两种媒质的平滑界面上发生折射时，其入射角的正弦同折射角的正弦比例必定为一常数。胚胎学上的"重演律"则揭示了个体发育过程与物种系统发育过程的必然性联系，即个体发育是物种系统发育的短暂而迅速的重演。

其二，事物固有属性的必然性。科学定律揭示了某类事物与其固有属性间的内在联系，因此能相对正确地预测在一定条件下事物的属性（性质与现象）是必然会显现的。遗传学中的"分离律"就明确地揭示了遗传因子决定遗传性状的必然性,即个体的种种遗传性状是由遗传因子(或基因)决定的,遗传因子在体细胞中成双存在;在生殖细胞中则是成单的。遗传因子由于强弱不同,有显性与隐性之区别,在子二代中,显性与隐性的比率为 3∶1。而"自然组合律"(也称"独立分配律")则揭示了具有两对以上相对性状的亲本进行杂交后,其子一代形成配子时,不同的等位因子会各自独立地分配到配子中,而一对等位因子与另一对等位因子在配子里的组合又是自由的、互不干扰的,由此具体阐明了通过杂交可以产生丰富的遗传性变异的原因。"分离律"与"自由组合律"由于揭示了生物遗传特性的必然性,故普遍适用于生命界。人类血型的遗传特征就严格遵循"分离律"与"自由组合律"。又如,物理学上的"能量守恒与转化定律"则揭示了能量形式转化的必然性,即自然界一切物质都具有能量,能量虽有各种不同形式,但它们能从一种形式转化为另一种形式,从一个物体传递给另一个物体,在转化和传递中,总能量保持不变。

其三,事物之间关系的必然性。自然事物除了有某些属性之外,还与其他事物存在某些关系。人们在认识客观事物时,既能掌握事物的基本属性,也能认识事物之间的关系。作为认识成果的科学定律既反映了事物的本质及其变化规律,也反映了一事物与他事物间所存在的复杂的内在联系,因此科学定律能揭示事物与事物之间关系的必然性。例如,数学中的"勾股定理"就揭示了直角三角形三条边长度关系的必然性。

科学定律作为理论性判断,有时也以"定理"、"原理"、"定则"、"公式"、"方程"等形式表达。例如,"牛顿万有引力定律"又称"牛顿万有引力原理";"哈勃定律"也称"哈勃定理";"斯托克斯定律"又称"斯托克斯定则";而普朗克公式就是有关黑体辐射的光量的科学定律,同样,"麦克斯韦方程式"也是电磁学中的基本定律。

科学定律是判断(或命题),但并非所有判断都是定律。对个别、分散的事实材料的陈述及其科学研究经验阶段获取的某些经验知识(如"地球直径大约是月球直径的四倍"、"白光是由七种色光合成的"等)虽然都是判断,但却不是科学定律。因为,此类判断尚未达到本质层次的认识,尚未反映普遍必然性关系。

在科学知识结构中,科学定律由更小的知识单元(即科学概念)所构成。科学概念是经验的结晶、人类思维的"细胞"、科学知识最基本的单元。科学概念可通过判断、推理、论证等相互连结,形成原理、定律、学说等。科学概念既是原理、定律等组成部分,又须通过原理、定律等来表达其基本内涵。而通过原理、定律等的有机整合,便能构成完整的科学理论结构。可见,科学定律是科学理论结构中的必要成分。尤其是,基本定律是科学理论的核心,它能反映事物、现象的深层本质与基本规律。

科学定律虽为科学理论结构中的理论知识而非经验知识，但不同的科学定律作为反映事物必然性判断的理论知识，其表达的理论深度有明显的差异。有的科学定律其位居层次是相对较低的，即为低层次的理论知识。该类科学定律所揭示的仅是客观对象的诸多现象的普遍联系，而未触及这种普遍联系的原因所在，即未能深刻地揭示引起规律性现象的内在机理。例如，格里哥·孟德尔（Gregor Johann Mendel）的"分离律"虽然揭示了豌豆杂交中其显性与隐性遗传性状在子二代中会呈现 3∶1 的分布规律，但对引起这种 3∶1 现象的内在机制却不甚了解。而有的科学定律则能说明引起规律性现象的内在原因，揭示产生现象的内在机制，此类科学定律就属深层次的理论知识（即高层次的理论原理），它们是科学理论结构中不可或缺的核心要素。

第二章
科学定律的基本特征与分类

第一节 科学定律的四种基本特征

科学定律源于对经验知识的概括与抽象，那么由经验知识转化而来的科学定律究竟具有哪些基本特征？明确这一问题有助于确定经验知识与科学定律的相对界线。一般认为，科学定律的基本特征大致可概括为以下四个方面：

一、具体性与抽象性的统一

人的思维是人脑对客观事物间接和概括的反映。所谓思维的间接性，即指以过去获得的知识经验为中介，进行推理、判断，去间接地理解与把握那些没有感知过或根本无法感知的事物的本质。例如，思维依据现代生命科学知识，就能推知生命起源的大致过程；思维依据现代物理学知识，就能推知物质的微观结构；思维依据现代宇宙学知识，就能推知宇宙演化的基本历程。可见，思维的间接性能超越感觉提供的信息，认识那些无法直接感知的事物的属性,把握事物的本质与规律。而所谓思维的概括性,即指在分析、研究感性材料的基础上,把一类事物共有的本质特征抽取出来加以概括,形成具有普遍意义的规律性认识。例如,感性经验使我们了解到,地球上的任何物体无论是轻是重,一旦失去支持,就会落到地面。当人们将所有物体共有的这一特性抽取出来,加以概括,就形成了引力定律。所以,感觉只能认识具体对象或现象,而经思维的概括,才能认识事物的一般特性,使认识摆脱对具体事物的依赖,形成具有普遍意义的规律性认识。

科学认识中,更须凭借思维的间接性、概括性功能,对观察、实验获取的经验事实进行理性加工,才能把事物的本质抽象出来。所以,抽象就是透过现象,抽取事物本质的过程和方法。通过科学抽象,我们才能对自然事物的内在联系及其繁杂的现象做出统一的科学的说明,揭示其固有的本质与规律,形成科学定律,进而构建科学理论体系。为此,列宁曾指出,认识是人对自然的反映。但是,这并不是简单的、直接的、完全的反映,而是一系列的抽象过程,即概念、规律等的构成、形成过程。

由于科学定律是借助于理论思维对具体事物或现象反映的各方面的感性材料,经一系列的抽象与概括、分析与综合,舍弃了事物的个别的、次要的、具体的特征,抽取出事物的一般的、主要的、共同的本质,因而科学定律是科学抽象的成果,其揭示的事物的本质与规律是无法直接感觉与观测的,具有明显的抽象性特征。

抽象的科学定律虽然远离了个别的具体事物,似乎脱离了同观察、实验的直接联系,但科学定律终究是根据经验事实进行的科学抽象,而不是任意摘取事物或现象的个别方面,更不是凭借主观想象。所以,这种抽象不是空虚的,而根植于具体事物之中,能更全面、深刻地反映具体事物。所谓全面地反映具体事物,即指能完整地反映事物,能在事物所处的各种联系中认识事物和把握事物;所谓深刻地反映具体事物,即是指善于深入事物的内部层面,抓住事物的本质与核心,揭示事物的规律、根本原因和必然结果。正如列宁所说,物质的抽象、自然规律的抽象、价值的抽象及其他等,一句话,那一切科学的、正确的、郑重的、不是荒唐的抽象都更深刻、更正确、更完全地反映着自然。

事实上,科学抽象以形成科学定律的过程,是一个从"具体"到"抽象"又从"抽象"到"具体"的反复的进程。即具体事物在人脑中开始仅是"感性的具体",尔后又成为"抽象的规定",最后变成"思维中的具体",此类变化成为理论思维进程的一个个标志性阶段。由于科学定律源于具体的经验事实,而经验事实在人脑中又经历从具体到抽象再到具体的反复提炼的过程,因而作为理论思维成果的科学定律充分显示出抽象性与具体性相统一的特征。

二、主观性与客观性的统一

马克思主义认为,观念的东西不外是移入人的头脑,并在人脑中改造过的物质的东西而已。科学定律作为客观规律在人脑中的反映,本质上也是事物、现象移入人脑且做改造后形成的主观观念。所以,科学定律虽然在内容上是客观的,但就形式而言则是主观的。科学定律的主观性特征主要体现在四个方面:

其一,科学定律可能反映事物的本质与规律,但科学定律不是客观规律本身,而是科技工作者借助理论思维,对经验事实做加工制作,揭示了其中蕴含的本质、规律后,用科学语言加以表述的一种科学命题。因此,科学定律本质上是对事物的一种认识,包括在人的主观体系之内。既然科学定律是人对事物的一种认识,那么人的认识在不同的科学背景下其表述形式可能会发生变化,这就决定了科学定律这种主观的表述形式会随着科学发展、人类认识水平的提升而不断形变、完善。但科学定律反映的规律本身却不具随时应变的特征,因为规律是客观的,无论人类对其认识与否,无论人类面对规律时其主观意愿如何变化,规律始终是客观的、永恒的存在。可见,科学定律只是试图反映规律,但是否真能反映规律,则取决于人脑在主观意识控制之下对经验事实所进行的加工制作,以及能否用确切的科学语言加以表述。因此,凭借人脑加工与语言表达的科学定律,其形式的主观性特征十分明显。

其二,科学定律是人建构的,而人是社会关系的总和,具有相应的世界观、人生观、价值观,这些主观因素很可能对建构科学定律产生影响,使科学定律的表述形式带有主观性。生活中,同一客观对象,不同的人对其会产生不同的反映,形成不同的理解,甚至截然相反。科学认识中,同一研究对象所反映的经验事实,尽管是一种客观存在,但由于研究者主观因素的影响,同样会对其形成不同的认识及其表述,使其带有明显的主观性印记。

当前,科学定律作为科学体系中的知识单元,其表述形式渗透价值和价值判断因素已深受学术界关注。美国科学哲学家劳丹(Larry Laudan)在《科学与价值》(1983年)一书中认为,价值本来就内在于科学本身结构之中,也只有纳入科学的内在结构,才能更好地解释科学的合理性,美国科学哲学家格姆(P. Grim)则从科学陈述划分入手,指出科学陈述的各种判断都具有价值取向。他认为,"一种陈述是否具有科学上的可接受性,将取决于我们对接受它与否抱有何种期望,取决于我们赋予这些期望的相对价值。"[7]国内部分学者也认为,作为知识体系的科学主要通过科学观念和科学思想体现出信念价

---

[7] 参阅〔美〕P. 格姆:"科学价值与其他价值",《自然科学哲学问题》,1988年,第4期,第17—18页。

值、解释价值、预见价值、认知价值、增值价值和审美价值[⑧]。科学知识(包括科学定律)之所以会渗透主观性特征,原因在于:一是受人的社会地位、实际经验、知识水平等因素的影响;二是由于个人价值取向的差异。

其三,科学定律是科学认识主体借助于思维且运用主体语词系统形成的思想产品。从机能上分析,思维离不开语词的作用。思维由刺激物所引发,以反射形式而生成。由于思维的间接性、概括性特征,引起思维的刺激事物不是具体事物而是语词。在语词的刺激作用下,人脑才能进行思维活动、反映事物的一般特性和事物间的内在联系,或以语词蕴涵的知识为中介进行分析、推理,形成判断或命题。科学定律作为一种判断、命题形式正是主体借助思维活动,且凭借个体语词系统所表述的思想成果。具体而言,是人脑在第一信号系统的基础上,凭借语词的信号作用,与现实刺激建立条件反射(暂时联系)而形成的思想。所以,马克思就思想与语言的相关性做过明确的论述。他认为,思想、观念、意识的生产最初是与现实生活的语言交织在一起。斯大林在他的《马克思主义与语言学问题》一书中更明确地指出:"无论人的头脑会产生什么样的思想,以及这些思想在什么时候产生,它们只有在语言术语和词句的基础上才能产生和存在,没有语言材料、没有语

---

⑧ 参阅李醒民:"科学的精神价值",《福建论坛》,1991年第2期。

言的自然物质的赤裸裸的思想是不存在的。……思想的实在性就表现在语言之中。"[9]既然科学定律也是个体自我表述的思维成果之一,那么科学定律打上主观性印记的可能性是显而易见的。

其四,科学定律不仅需要凭借语词才能形成,而且必须凭借语词的作用才能被传播、保存和积累。人凭借语词可以把科学定律蕴涵的思维活动成果或认识的阶段性成果保存于人脑中,也可借助语词承载于人脑之外的实体中,书刊、电子读物等便是利用语词来记载科学定律的有效形式。同样,人也必须经过由语词的刺激作用所引发的思维活动,去理解和吸取他人形成的科学定律所载荷的思想信息。所以,"语言是直接与思维联系的,它把人的思维活动的结果、认识活动成果用词及词组成的句子记载下来,巩固起来,这样就使人类社会中思想交流成为可能的了。"[10]由于科学定律必须借助语词才能形成、保存与积累,又必须借助语词才能在科学共同体内交流与传播,以获得认可与确认,科学定律这种高度依赖语词系统的特征,同样反映此科学定律具有主观性的一面。

尽管科学定律在建构中可能会受建构者种种主观因素的

---

[9] 斯大林:"马克思主义与语言学问题",《斯大林文选》,人民出版社,1962年版,第38—39页。
[10] 同上,第22—23页。

影响,因而科学定律的表述形式确是人为的、渗透有主观意愿,不过,科学定律所要反映的内容毕竟是客观的,应是自然事物或现象的摹本。任何一位科学工作者都试图将自己表述的科学定律尽量符合于客观规律,便于他人在几乎相同的观察、实验条件下,能获得相同的科学事实,以使自己做出的科学发现、形成的科学定律能为科学共同体所确认,这样,客观地表述研究对象反映的规律,也就成了科学定律所追求的目标。无论科学定律多么抽象、多么远离经验事实,本质上都应是客观事物或现象的真实摹本。例如,数学定律具高度抽象性,但它们仍然是客观世界的映象,客观世界虽然并不存在抽象的数、点、线、面等,但其原型仍然来自客观世界。所以,任何抽象的概念、定律其根源无一不是客观世界。据此,列宁曾指出,我们的感觉、我们的意识只是外部世界的映象,不言而喻,没有反映者,就不能有反映,被反映者是不依赖于反映者而存在的。这就是说,一切以观念形式存在的认识产物都是人脑对客观事物的主观映象,科学定律也不例外。就科学定律对自然事物的反映而言,其感性形式应是关于事物外部现象的反映;而理性形式则应是对事物的内在本质或机理的真实反映。反映形式虽然是主观的,但其内容却是客观的。然而,当前科学哲学界却存在一种颇具影响的论说,即对科学定律的本质作建构主义的理解,认为用于"提炼"科学定律的基础材料——经验事实本身与其说是对自然现象的反映,不如说是在偶然的社会环境中促成的劝说性文本（话语、文件、陈述等），是人类观念建构的产物。就笔者之见，该类观点虽然有其正确的一面，即肯定了科学定律具有主观性，是人观念建构的产物，但该类观点并不全面。因为科学定律尽管不能摆脱科学认识主体与社会环境的影响，但这并不意味科学认识主体可以根据个人偏好随意构建科学定律。有效的、确实属相对真理的科学定律必须尽量确切地反映其相关对象的客观实际，揭示其固有规律，这是科学定律的本质所在。

所以，科学定律就形式而言，是人观念的建构物，具有主观性特征；而就内容而言，则须正确、全面地反映其相关对象的本质及其变化规律，应包括不以个人的主观意志为转移的客观内容，即应赋予科学定律以客观性特征。由此，科学定律也就具有了主观性与客观性相统一的特征。

三、普遍性与有限性的统一

科学定律是在概括大量科学事实、积累经验知识基础上，经理论思维的加工制作，又经科学实践的反复检验、证实而获得的一般性结论，它揭示了一类或多类事物或现象普遍具有的本质及规律，因而科学定律在描述其对象与应用范围方面具有普遍性特征。诚然，不同性质的科学定律其具有的普遍性程度有明显差异。部分科学定律表述的仅是某一特殊领域的规律，其适用面相对较窄。例如，"欧姆定律"表述的仅是电压、电阻与电流三者间的必然性联系。诸如与金属热导率和电导率相关的威德曼-夫兰兹定律、与静电力相关的库仑定律以及化学中的倍比定律、定比定律等均具相对狭窄的适用性，其普遍性程度较低。而部分科学定律则能超越特定时空与具体对象的限制，表述多类对象所普遍具有的规律性特征。如"能量守恒与转化定律"所表述的是所有能量形式的规律性特征，适用于各种运动形态。同样，生命科学揭示的"三联密码"，作为生物学中的一个定律，适用于整个生命世界，即从微生物到人类都遵循同一遗传密码进行核酸到蛋白质的转译过程。有些科学定律则具更大的普遍适用性，如"万有引力定律"适用于所有物体，即一切物体如失去支撑，都将落到地面。可见，一种科学定律所能解释的事实、现象越多，其适用范围就越大，它所具有的普遍性程度就越高。

不过，科学定律的普遍性是相对的。一般而言，初建的科学定律其普遍性程度相对较低。随着科学实践的发展，研究领域不断延伸与深化，不断递增的科学事实及其从中概括、提炼的新的概念、原理将不断被吸纳到特定的科学定律之中。该科学定律便因表述内容与形式的形变，变得更为全面、系统、准确，更能精准地反映相关对象的普遍性特征，即既能更确切地反映事物的本质与规律，又能解释与预测更为广泛、深远的事实与现象，其普遍性程度由此获得拓展。

即使科学定律的普遍性程度会随科学实践而不断提升，

但特定科学定律的普遍性仍然是有限的。其原因在于：其一，就本质而言，科学定律属特定科学背景下获得的认识成果，是一种受条件制约的不完全的认识，这种具有局限性的认识对相关对象的把握是不透彻的、有限的，即特定历史条件形成的科学定律无论其触及的深度与广度均是有限的。其二，任何科学定律的适用性既有条件又有范围。如开普勒（Johannes Kepler）的运动定律所反映的仅是行星的运动规律，而伽利略（Galileo Galilei）的运动定律所揭示的仅是地球表面物体的运动规律，如超越了特定范围、改变了相关条件，许多科学定律就无法解释与预测即时现象或未来状态，即不成其为相对真理。

鉴于科学定律既有适用范围的相对普遍性，又具适用范围的绝对有限性，故科学定律兼融普遍性与有限性特征十分明显。

四、确定性与不确定性的统一

应该承认，凡科学定律都具一定的确定性特征，否则它们就不是客观规律的反映，不是相对真理。科学定律之所以具有确定性特征，因为科学定律建构所依据的经验事实是相对真实可靠的，并经观察、实验等实践形式的反复检验、证实。故科学定律能确切、完美地解释一定条件下、一定范围内相关事物、现象的基本特性、现有状态及其发生机理。又由于科学定律反映了事物、现象的本质与规律,而规律既从横的方面制约事物、现象间的错综复杂的内在联系,又从纵的方面制约着事物、现象的运动过程及各阶段间的联系与统一。因此,作为反映事物、现象的本质与运动过程规律性的科学定律能相对精准地预测相关事物、现象的未来状态及其变化规律。科学定律能对相关事物、现象做出确切的解释与准确的预测便体现了科学定律的确定性特征。

当然,科学定律对事物、现象的解释与预测的确定性是相对的,即存在不确定的倾向。可能引发其不确定性的因素大致可概括为三个方面:其一,是认识主体的认知水平。虽然科学定律是对客观事物、现象的本质、规律的正确反映,其中包含有客观真理性,但任何真理性认识,仅是对事物、现象的某些方面、一定范围、一定层次的正确反映,其广度与深度总是有限的,且具近似的性质。所以,一定历史条件下作为认识主体认识成果之一的科学定律并不会穷尽认识对象,这种对认识对象的近似反映恰恰是科学定律对事物、现象所做解释与预测具不确定性的主因。其二,科学实践对科学定律行使检验功能的相对性。马克思主义认为,唯一能充当检验认识真理性的标准,既不是主观的思想,也不是外在的客观世界本身,而只能是把主观和客观联系起来、沟通起来的桥梁、纽带或"交错点",这就是人们的社会实践。就科学定律的检验而言,显然只能依靠科学实践,即观察与实验,这是确定无疑的。

但一定历史时期的科学实践具明显的局限性,因而科学实践作为检验科学定律的检验作用具有不确定性。科学史表明,任何科学定律都是如此。"元素周期律"早已为无数科学实践所证实,而科学实践的不断发展,又使其不断精确化、完善化,现已不再用原子量而改用原子序数来说明元素性质的周期性变化了。其三,复杂的客观世界也给科学定律的解释与预测带来不确定性。现代科技揭示,客观世界本身就存在无法预料的诸多不确定性。作为事物、现象规律性反映的科学定律客观上并不具严格的决定论意义,而仅具一定程度的近似性特征。在自然界,严格决定论只适用于较单纯的宏观世界或简单的现象变化,一旦触及微观、宇观世界的复杂现象,相关科学定律的不确性特征会明显地增强,其严格、准确的决定性预测功能会大大降低,而呈现为概率统计决定性。尤其是量子力学对基本粒子的不确定性认识,已有力地加强了当代人对科学定律不确定性的理解。所以,客观世界的事物、现象所反映的确定性中会包含不确定性;反之,不确定性中也包含确定性。科学认识的本质任务就是试图从事物、现象的不确定性中探寻其相对确定性的一面。

第二节 科学定律的两种分类方式

自近代科学兴起以来,不同学科领域经数百年的发展,都已形成了大量的与各自研究对象相关的科学定律。数学、物理学、化学、生物学等学科及其二级、三级分支学科领域无一不是如此。面对如此之多的科学定律,如何分门别类,进行整理、归类,当前国内科学界有所争议。不过,多数学者所认同的分类原则有两种,即按科学定律的抽象性、普遍性程度,将其分为经验定律与理论定律;或按科学定律的概括性程度,将其分为全称陈述定律与概率陈述定律。

一、经验定律

当人们利用观察、实验,获得大量经验事实且对其做深入分析、研究后,从中发现了事物、现象之间的必然联系及其固有属性,便能从丰富的经验事实中,提炼出能反映研究对象本质与规律的经验定律。因此,经验定律表述的是"可观察"或"可测量"的属性之间的不变关系,与观察、实验的结果直接相关,具描述性、直接实践性特征。例如,人们在观察各种金属后,发现它们都有导电的属性,由此提出"所有金属都具导电"的科学定律。而"在一个大气压下,气温如降到零摄氏度以下,水结冰"这一科学定律的提出,也源于人们对气压、气温与冰点三者之间相关性的观察经验。同样,描述行星运动的开普勒三定律、描述物质浓度与吸光度的郎勒-比尔定律、描述色谱分析的分配律与吸附律、描述气体体积与压力关系的波义耳-马略特定律、描述电解过程中电量与物质的量关系的法拉第定律、描述化学反应生成热的盖斯定律、描述三相(气、液、固)平衡的吉布斯定律、描述温度对反应速率影响的反应速度指数定律、描述物质组成性质的定比定律、描述溶液中溶质的浓度与饱和蒸汽压关系的拉乌尔定律等均能描述相关事物、现象之间的必然联系,因而都具有经验定律的属性。

经验定律的形成过程是从描述个别事实的许多单称陈述过渡到描述可观察属性之间的规律性联系的普遍陈述,该过程反映了科学认识的基本进程。因为,科学认识的目标不是描述个别事物的具体特征,而是描述可观察属性之间的规律性联系。这就需要对大量个别事实进行系统化整理,并做出概括性描述,即由可观察事实的系统化、条理化而获得普遍性陈述。所以,经验定律已不再局限于陈述个别事实,而应陈述可观察属性之间普遍的必然联系。例如,任何气体当其温度不变时,其压强与其体积成"反比",这条气体定律就是对气体类的观察属性——压强与体积之间关系的规律性认识。

经验定律使经验知识系统化而构成有机整体,使人类对经验知识的认识更加系统、全面,并对相关科学实践具有重要的指导意义。然而,经验定律虽然揭示了事物、现象的某种普遍联系和共同特征,但经验定律却无法解释这种普遍联系的原因所在,即只知其然而不知其所以然。因此,经验定律在科学知识体系中处于较低层次,有待进一步深化或朝理论定律转化。

二、理论定律

科学定律的本质职能在于揭示自然事物或现象的普遍规律和因果联系,但不同的科学定律其深刻性程度有明显差异。如前所述,经验定律揭示的规律或因果联系仅局限在事物的现象方面,而理论定律则不同。理论定律的形成虽然仍须利用经验事实,但必须对经验事实做深度的加工、分析,并经一系列复杂的逻辑推导,深挖现象背后的成因,努力揭示现象发生的内在机制。所以,理论定律所陈述的是客观事物本质的、内在的普遍必然联系,是对客观事物某种因果机制的陈述。例如,能揭示有机物反应机制的分子轨道对称性守恒原理、以及能判别化学反应发生方向机理的吉布斯自由能公式等均是典型的理论定律。由于理论定律能揭示事物、现象发生的内在机制,因而理论定律是事物深层次规律的反映,它对科学认识活动具有更深远的实践意义,是人类在自然界获得自由的强有力的武器。

鉴于理论定律是对可观察现象的机理、原因的陈述,从而使相关的经验定律成为可理解的,即理论定律能成为经验定律的解释项。例如,物理学中的能量守恒与转化定律就能科学、合理地解释热力学第一定律。哈勃定律是一个经验定律,该定律揭示了星系的退行速度与星系离我们的距离成正比。那么,行星的退行速度为什么会同星系离我们的距离成正比?

为进一步解释哈勃定律,必须做更深的探究,这种探究有助于催生相关的理论定律。此后揭示的"多普勒效应"就很好地解释了哈勃定律的疑惑。同样,孟德尔的分离律与自由组织律也是经验定律,两定律揭示了相对性状不同的亲代进行杂交后,其子二代中显性性状和隐性性状之比为3∶1。为进一步解释这种遗传现象出现的内在机理,迫使研究者做更深层次的探索,渴望从内在机理的探究中,把握更为深层的规律,指导育种实践。正是这种旨在探究机理的科学实践,催生了现今分子遗传学领域的诸多理论定律的问世。由此可见,经验定律似乎是理论定律的先导,而理论定律则是经验定律的完善与发展。

值得指出的是,诸多理论定律来自理论学说的推导。例如,从光的传播理论中推导出了透镜定律,从牛顿运动三定律为中心的力学概念体系中推导出了摆运动定律等,故此类定律也称之为"导出定律"。该类定律从某种基本理论得来,似乎远离了经验事实,殊不知,作为推导前提的基本理论本身就是凭借经验事实而建立的。从这意义上讲,"导出定律"在渊源上并不是脱离经验事实的主观想象。

诸多理论定律往往以可观测的事物之间的数量关系形式表述。例如,质量守恒定律、动量守恒定律、能量守恒定律、热量守恒定律等均采用数学公式表述。这有助于在混乱的经验事实中发现不变的模式。数学公式也便于对科学定律的表述内容做出准确的解释,从而在实践中得到有效的应用。此外,数学公式还便于人们运用逻辑演绎和数学演算方法进行严格的论证,推导出新的结论,做出新的科学预言。可见,科学定律的数学公式表达反映了人类认识的深入和精确化。正因为如此,原先作为经验科学的生物学,当前随着遗传学、分子生物学、生物化学以及进化分析(如关于物种次序的血清学检验)的定量化研究的进展,已逐渐由经验科学步入理论科学的行列,具备了接近物理学的条件,其涉及的诸多生物学定律也开始大量地使用数学形式表示。例如,菌落突变检验中常用的泊松定律等便是如此。

三、全称陈述定律

毛泽东同志曾指出:"就人类认识运动的程序说来,总是由认识个别的特殊的事物,逐步地扩大到认识一般的事物。人们总是首先认识了许多不同事物的特殊的本质,然后才有可能更进一步地进行概括工作,认识诸种事物的共同的本质。"[11]科学认识同样如此,当研究者利用观察、实验研究某类事物时,发现该类事物中的每一具体对象均有某种属性,于是便形成一种全称陈述定律(universal laws)。全称陈述定律本质上是断定一类事物的全部都具有某种属性的判断。

---

[11]《毛泽东选集》第一卷,人民出版社,1991年版,第284—285页。

全称陈述定律的形成通常采用两种方式:其一,当人们对某类事物的全部对象做考察,发现其均有某特性后,经归纳便形成全称陈述定律。其二,当人们观察到某类事物中的某些对象具有某种特性,然后采用不完全归纳法,并推及到某类事物整体,形成全称陈述定律。显然,以某类事物为对象的科学研究中,要观测、研究某类事物中的每一具体对象几乎是不可能的,因此科学研究中的经验事实通常来自对少数典型对象的观察、实验。由于无机自然界中同类事物的结构与属性差异并不明显,因此典型研究对象的选择并不十分讲究。而在生命现象研究中,典型研究对象的选择十分重要。因为典型对象不但具有与同类其他对象所共有的基本属性,而且机体结构与特征变化相对较为纯粹与单一,选择这种典型对象做研究,可变因素少、干扰因素小,更容易把握该类对象所共有的本质特征及其变化规律,也就更容易形成与该类对象相关的科学定律。可见,科学定律本质上应反映某类事物或现象所共有的普遍性属性与变化规律,而此类具普遍性的认识未必源于对某类事物中所有对象的观测、研究,只要选择好典型的研究对象,即使通过为数不多的具体对象的研究,同样能揭示某类事物所共有的本质与规律。所以,全称陈述定律的形成通常采用的是上述的第二种方式。

运用归纳方法形成的全称陈述定律,由于揭示了某类事物固有的普遍性特性、现象间的必然性联系及其变化规律,因而只要具备必要的条件（原因），该类科学定律对事物、现象的预测（结果）是严格确定的，故该类科学定律属严格因果决定律，如牛顿力学定律。

四、概率陈述定律

科学定律是反映自然事物、现象间必然性联系的科学命题。由于自然界极为复杂，当我们深入地研究自然事物或现象的必然性联系时，就能发现其必然性联系的具体形式是多样化的。依据事物、现象的不同性质、特点，其必然性联系的具体形式大致可概括为两大类，即决定性联系与非决定性联系。

决定性联系表现为一事物、现象的存在或变化必然导致另一事物、现象的存在或变化。例如，物体的位置变动严格服从牛顿力学定律。一物体在任一时刻，都处于一个确定的位置，这样，时间和位置之间的关系就是一种确定的联系。在太阳系中，行星环绕太阳运行或卫星环绕行星运行都严格地遵循万有引力定律。我们只要根据地球环绕太阳运行的轨道或月球环绕地球运行的轨道，就能推测出日食和月食的准确时间。可见，在决定性联系中，只要我们能精确地了解前一事物、现象的存在或变化状态，就可必然地推出后一事物、现象的存在或变化状态。

反之，如果一事物、现象的存在或变化可能导致另一事物、现象的存在或变化,也可能不导致它的存在与变化,那么这种事物、现象间的联系就是非决定性联系。当然,部分自然事物、现象间的非决定性联系并非无规律可循。事实上,当某类事物、现象的变化大量发生时,此时,该类事物、现象间的联系会逐渐趋于稳定,呈现出一种确定性的具有规律性的联系。这种具体事物、现象的集合所表现出的确定性的变化规律,就是数学中论及的大数现象规律或概率统计规律。而能相对正确地反映此类规律的科学定律,就是概率陈述定律或称概率统计定律。

概率陈述定律以个体的集合或同一个体反复多次地变化作为其研究对象。例如,抛掷一枚硬币(假设该硬币是均匀的),该硬币落在桌面上时,可能正面向上也可能反面向上。如抛掷硬币的次数有限(一次或二次),此时硬币究竟是正面还是反面向上是不确定的。但是,如抛掷硬币的过程持续进行(一千次或一万次),就能发现抛掷硬币的次数和正面或反面出现的次数之间会呈现一种确定的联系,即正面或反面向上的概率大约各占 1/2。而且,抛掷硬币的次数越多,硬币正面或反面向上的概率越接近于 1/2。由此呈现出一种具有确定性的概率统计规律。在生物学中,孟德尔的分离定律与自由组合定律所揭示的就是概率统计规律。即豌豆杂交实验中,其子二代中显性性状与隐性性状之比为 3∶1,这 3∶1 就是统计平均值。化学中的波尔兹曼公式所揭示的也是概率统计规律。

要形成概率陈述定律,须对同类随机现象进行大量的观察与统计,才能从中发掘具规律性的统计平均值。概率陈述定律对事物、现象变化的预测虽存在或然性,但它们用于解释与预测群体随机现象时,却十分有效,具有相对确定性。由于该类科学定律在一定程度上能以其独特的方式揭示某些事物、现象间的必然性联系,因而概率陈述定律因其客观性、普遍性特征而成为一种相对真理。

第三章
形成科学定律的基本程序

要构建相对正确的科学定律,就要充分认识与把握自然事物或现象的本质特征及其变化规律,而要实现这一目标,必须从事针对特定对象的科学研究,在获得科学发现的基础上,才能形成相对正确的科学定律。客观地说,以形成科学定律为目标的科学研究并不存在一种供人刻板地加以套用的公式,也不存在一种凝固不变的逻辑通道,使人能按图索骥地发现规律、进而构建科学定律,而应充分发挥认识的能动作用,创造性地构思且合理地运用多种方法,才能达到科学研究的目的。一般认为,科学研究这一极为复杂的认识活动大致可分为五个阶段,诸阶段之间彼此连接,便构成了以形成科学定律为目标的科学研究的基本程序。

第一节 确定研究对象

科学定律是具体事物或现象的本质与变化规律的反映,因而科学定律总是针对特定对象的。据此,以形成科学定律为目标的科学研究,其首要任务就是确定研究对象。一般认为,选择与确定研究对象具有战略意义,如研究对象不明确,就不知道具体研究什么,当然谈不上如何去开展研究,更无法获得科学发现、形成科学定律。选择与确定研究对象即为寻找值得探究的研究课题。

研究课题是研究工作的基本单元,是为了解决一个相对单一且独立的科学问题而确定的研究题目。在当前高校和研究机构中,可选择的研究课题除了国家、省市所确定的指令性重点攻关课题之外,大多数研究课题属单位与个人自选性课题。就研究者个人而言,选择和确定研究课题是自己研究生涯中的经常性工作。因为以科研为职业的研究者完成一项课题研究后,又须选择新的研究方向,即确定新的研究课题,如此反复确定新的研究课题与不断从事科学研究,便构成了以科研为职业的研究者的研究生涯。能否选择好一个合适的研究课题,对于阶段性研究工作能否顺利展开和能否获得满意的研究成果具有战略意义。如课题选得不切实际、不合理,即使花了大量的人力、物力、财力和时间,结果很可能一事无成。科学史上,因选题不妥而拖延研究进展或徒耗精力、最终导致研究工作失败的事例比比皆是。研究课题还规定了研究所采用的方法。不同的课题,为达到预定的目的所采用的方法和手段各不相同。例如,对于内隐的心理机制的研究,由于目前既不能从外部对人脑产生心理的内部机制进行直接检测,也不能利用解剖方法对人脑组织所发生的心理过程进行微观水平的直接观测,因而这种研究课题只能利用计算机模拟方法或"黑箱"方法,并借助于理论思维的作用对研究对象的内部活动和机理做出某种间接性推断。相反,如要研究外观的行为变化及其发展过程,则宜采用观察法和历史比较法。皮亚杰(J. Piaget)正是采用了此类方法从儿童的行为变化中揭示了思维发展的一般规律。由于选题在研究工作中的特殊地位和作用,每一位研究者都非常重视研究课题的选择。正如英国科学家贝尔纳(J. D. Bernal)所说:"课题的形成和选择,无论作为外部的经验技术要求,抑或作为科学本身的要求,都是研究工作中最复杂的一个阶段。一般来说,提出课题比解决课题更困难……所以评价和选择课题,便成了研究战略的起点。"[12]

当前,科学研究课题按其研究的性质和目的,大体可分为基础性研究课题、应用性研究课题和发展性研究课题三类。

基础性研究课题包括那些以研究自然事物或现象的基本规律、揭示各种现象(过程)间的本质联系、探索新领域、发现新原理等为基本任务的课题。所获得的研究成果能增进人类对自然事物或现象的性质和基本规律的理论认识、丰富科学知识、推进基本理论的建树,为认识、解释、预测自然事物或现

---

[12] J·D·贝尔纳:"科学的科学",英国《研究》杂志,1955年第12期。

象的变化规律提供方法上和理论上的指导。例如,对生命本质的研究、对生命现象的内在机理的研究、对生命现象的产生和发展规律的研究、对生命现象物质载体的研究等,凡对生命科学中各种理论问题的探索都属于基础性研究课题。这类研究课题具有开创性特征,居于生命科学的前沿,一般还未曾有人涉足;或虽有人涉足,但成果不多,进展不快。因此,这类研究课题探索性强,自由度大,不确定性因素多,研究的周期相对比较长,成功的把握比较小。在研究初期很难估计它的社会价值和实际应用价值,但一旦成功却能使学科为之一新,有时甚至会导致生命科学领域的革命性变革。所以,这类研究课题要求研究者具有较高的理论素养和丰富的知识储备。

应用性研究课题包括那些为基础理论寻找实际应用可能性途径的课题。基础性研究课题的成果往往体现为基础理论的建树,而不为解决现实中的实际问题。例如,对记忆的生理机制及规律的研究,虽然能使人类认识记忆现象的本质,但这种研究成果并不能直接用来提高人的记忆效率。如要提高对具体事物的识记效果,必须进行应用性研究,即探索记忆规律,进而形成与具体记忆相关的科学定律。

发展性研究课题是将应用性研究成果加以扩大,或直接研究各种实际问题。应用性研究课题的成果可以是应用性理论学说,也可以是新产生(形成)的产品、设计方案等。但这种产品、设计方案等要运用到实际中去,还必须通过发展性研究来实现。例如,在实验室条件下,设计出一个最佳匹配的人机系统,但这一设计能否在生产中发挥其优越性,还必须进行工业性的中间试验和生产实际应用才能判断,而解决从实验室到中间试验和生产实际应用所出现的新问题、新情况就属于发展性研究课题。显然,发展性研究课题并不是以发现规律、形成科学定律为其目标的。

经验表明,要选定一项合适的研究课题,一般要经历三个阶段,即发现问题、确定选题和课题评议与论证。

一、发现问题

已有知识是进一步从事研究工作的必要条件,但如果不从现有知识中引出问题,那么仅仅是对知识的吸吮而不会引导我们去探索"未知"。同样,如果我们仅观察某一现象而不深思,进而提出问题,那么无论对这一现象观察多少次,它依然是平凡的现象,并不能促使我们对它进行探究。因此有见地的科学研究者认为,科学研究是从"问题"开始的,只有发现了"问题"才可能进入研究阶段。

科学问题各不相同,有的较为明显,容易被研究者所发现;有的则比较隐蔽,隐藏在某些现象的背后或以不为常人所觉察的形式表现出来。越是有重大意义的问题,隐藏得越深,所以发现问题并非轻而易举。例如,要从文献资料中发现问题,研究者必须对科学背景知识进行深入分析,否则即使其中充满问题,也会如过眼烟云。相反,善于思考、分析的人却能从中发现重要线索,提出关键性问题。

从一定意义上讲,要从文献资料中发现值得进一步研究的问题,研究者必须在某些问题上甚至比作者要考虑得更多、更深、更细。即是说,读者只有超出作者的见解才有可能提出和形成新的问题,而要达到这一目的就要从多方面去深思。例如,作者在文献资料中提出了哪些见解和结论,这些见解和结论的提出所依据的事实或论据是否充分、真实、可靠,是否把未经检验的假说当作已被证实的理论来论证自己的观点;如果作者依据的事实或论据是真实可靠的,那么从这些事实和论据出发能否提出作者所推出的结论;如果作者提出的结论是合乎情理的,那么根据自己的经验和学识,从作者所占有的事实出发,能否通过其他途径,提出更合适的结论;如果作者提出的结论是错误的,与本身依据的事实不符,那么究竟是什么原因使作者会提出这种错误的结论,而正确的结论应该是怎样的;如果作者依据的事实和论据是真实可靠的,所做出的结论也是理所当然的,那么作者又设计了哪些新的实验,这些实验反映的事实是否进一步证实了作者的结论。诸如此类的思考和探究是发现问题的基本前提。所以阅读文献资料时,要多问几个"为什么",要从各方面想问题。只有这样,才能使我们摆脱作者思想的束缚,跳出作者思想的窠臼,去想作者之所未想,去探作者之所未解,去发作者之所未见。

据科学史料分析,历史上的科学问题通常出自于理论研究这一取向。科学理论研究中,随着浅层次问题的解决与勾销,往往能引申出更多深层次的问题,所以鲍·米·凯德洛夫(B. M. Kedlov)认为,一门真正的科学,它所研究的东西越多,就越会暴露出更多尚未研究的东西。据此,科学研究者只要善于分析理论自身的矛盾或理论与经验事实之间的矛盾,就能发现大量的值得深入探讨的问题。一般认为,要发掘科学理论层次的问题,可从以下途径着手:

1. **注视学科发展生长点**

密切注视现代科学发展趋势,不失时机地紧紧抓住学科生长点上的新问题,是择选新题的重要线索之一。这类新题对于加速学科发展具有战略意义。不过,具有前沿性的新题往往会面临激烈的竞争。一个有意义的面临突破性的新题一般同时有几个、几十个、甚至更多的研究者在进行竞争性的研究,集中在一个狭窄的领域里开垦。如知识储备不足,判断不准,决策不优,都会在竞争中失败。因此研究这类前沿性问题具有很大的风险性。

2. **寻找学科理论研究中的空白区**

科学研究中能得到最大收获的领域是长期被人忽视的空白区(无人区),那里因长期无人涉足,大多数研究者往往不敢轻易闯入。然而无人区里任纵横,存在着大量"机遇"。勇敢的闯入者有时却能在这无人开垦的领地中搜索到值得研究的问题。诚然,到学术的"无人区"去寻找问题、发掘新题,必须对当前的知识背景和个人的主观条件做出客观的估量。那些超前于学科发展水平且不具备"开采"条件的新题,或者超出个人学术能力的新题,不宜贸然选定。因为这类新题凭借现有的主、客观条件很难在可预见的未来获得预期的成果。

3. 注意本学科与邻近学科之间的边缘区和"结合部"

早在19世纪70年代,恩格斯就以深邃的眼光,看出了物理学与化学之间的内在关联,他在《自然辩证法》里曾告诫研究者要注重不同学科之间的"边缘区":在分子科学与原子科学的接触点上,双方都宣称与己无关,但恰恰就在这一点上可望取得最大的成果。许多学科与其他学科之间有着珠联璧合的结合点,因而有着充满生机的"边缘区"和"结合部"。只要研究者密切注视这些勃兴的"边缘区"和"结合部",值得研究的科学问题将会层出不穷,并可能取得辉煌的研究成果。

4. 运用其他学科的理论与方法,重新审视原本学科长期未解的科学问题

科学问题是否已得到解决是相对的,在一定的科学知识背景之下,被认为已解决的问题,在另一知识背景之下,常常又会重新成为问题,需要从新的角度进行研究和解决。尤其是那些长期悬而未解的难题更应利用其他学科所提供的的理论、方法及其背景知识,加以重新审视。因为沿着一条思路向前走,固然会有所造诣,但终究会碰到一些无法超越的障碍。

此时如能重新打开一条或几条思路,运用其他学科的理论与方法,重新审视长期无法解决的科学难题,也许能在诸多思路的交汇点上,寻找到有利于问题解决的新途径与新方向,展现出预想不到的广阔前景。科学研究中,运用其他学科的理论与方法称为"移用"。"移用"作为一种研究策略之所以值得肯定,因为"移用"是以自然界的物质统一性作为根据的。物质世界存在的形态虽然是多种多样的,可分为不同的层次,但它们都由为数不多的基本粒子根据一些共同的基本规律组成的。不同的物质形式具有统一的起源、普遍的联系。较高级的物质运动形式不仅包含有较低级的物质运动形式,而且较高级的物质运动形式本身就是从较低级的物质运动形式中发展、分化出来的,各种物质运动形式都是物质运动发展链条中互相衔接的不同环节。由于运动形式之间的联系与包含关系,因而将研究低级运动形式(如热、电、机械、分子等)的理论、方法、概念移用于较高级的运动形式(生理、心理)的低层次的研究中,不仅是可能的而且是必要的。所以,当研究者自己所面临的问题无法用本学科的理论与方法给予圆满解决时,就应拓展视野到其他学科去"移用"一些理论、方法,并对面临的问题做试探性思考,以开拓思路,对发现新问题或解决问题会有所启发、帮助。不过,这种试探性的"移用"绝非是机械的、生搬硬套的,而应做具体分析,使得移用的理论、方法与自己的问题较好地结合起来,并能以最简洁的形式、最有效的途径使问题得以解决。那么怎样才能将其他学科的理论、方法有效地引入自己的研究工作,以解决自己所面临的问题呢?一般认为:第一,必须要有多维的开放型知识结构。不仅要精通本学科领域,还应懂得其他学科知识,如数学、物理、化学等方面的知识,具备了这些知识也就有了可"移用"的具体对象。第二,要充分认识"移用"策略的重要性,并加以自觉地应用。不管干什么,有意与无意,目的鲜明与不明,其最终结果会相差甚远。理论与方法的"移用"也是如此,只有当研究者充分认识"移用"策略的重要性时,才会迫使自己在密切关注本学科问题时,又去学习、关注其他学科的有关理论与方法,并时常将其他学科的相关理论与方法与自己的研究对象联系起来进行试探性思索。显然,此类研究者在"移用"其他学科的有关理论与方法时成功的可能较大。第三,要善于联想与类比。为提高"移用"的功效,可利用联想与类比,把看似风马牛不相及的两者联系起来,找出被"移用"对象与自己研究对象间的共同点或相似点。这种共同点或相似点越多,运用移用策略的客观基础就越坚实,"移用"成功的可能性就越大;反之,"移用"成功的可能性就越小。所以,联想与类比是"移用"的向导,能为"移用"提供线索与思路。

5. 整理、概括和分析历史上已有的科学资料,寻找内在联系

近百年来,由于观察、实验已积累了大量的经验性资料,

现代科学的各个分支学科都面临对资料进行整理、概括和分析的任务,即从经验资料出发,通过理论思维的加工,找出其中的本质联系(内在规律)。如果科学研究停留在观察、描述和数据记录阶段,不去发掘资料间的内在联系,探索支配现象的内在规律,那么资料就会失去存在的价值。所以充分利用他人长期积累的资料,对其进行整理、概括和分析是科学研究的一个重要方面,也是科学研究课题的主要来源之一。

6. 解决原有理论与新事实之间的矛盾和冲突

获得了新的科学经验事实,而原有的科学理论学说又无法对其做出合理地解释,于是原有理论学说便面临难题与危机。此时,如何使原理论学说与新事实取得和谐一致,消除两者的矛盾和冲突,或者怎样变革原理论学说,使其具有更大的涵盖面,能合理解释新事实。诸如此类的思考常能引导人们发现大量的值得研究的新问题。

7. 以失败的探索为借鉴,从反面提出新问题

无论是他人或自身因遵循常规的探索路径导致研究失败后,都应总结失败经历,并转而进行反向求索,在对立的思维过程中提出新问题,展开新的探索。反向探索有两种构思方式:一是反转逆向构思,即从相反方向构思,提出全新的问题。例如,英国科学家爱德华·詹纳(Edward Jenner)经过长期研究,仍未找到人何以会感染天花疾病的原因。于是,他采用反转逆向构思,即转而研究为何奶牛场的女工不会患天花,最终

获得了科学发现,发明了能防御天花疾病的疫苗。反转逆向构思又可沿着事物的功能、结构与因果三个方向展开;另一是转换逆向构思,即背逆以往的思路,把问题的重点从一个方面转向另一方面。

8. 利用机遇"顺藤摸瓜"

科学研究的本质任务是探索必然性,发掘规律性。然而必然性寓于偶然性之中,在探索纷繁复杂的自然界时,许多重要的科学发现最初却出自于偶然性的机遇。因此研究者要不失时机地抓住机遇,利用机遇所提供的奇异现象"顺藤摸瓜",引出新问题,开创新领域。

9. 发现多种科学假说之间的差异

多种假说同时并存是现代科学的重要特征之一。为此,研究者可以把不同的学术论文或者不同的教科书进行比较,从中发现多种假说对同一问题的不同解释,以及多种解释之间的实质性差异。寻找这种差异,有利于启发思想,发现新的问题,引出新的研究课题。

10. 补充与完善现有理论学说

理论学说的完善是相对的,因而怎样使现有理论学说不断得到补充与完善,这种思考必然会引出许多有待于进一步探求的科学问题。

11. 追求理论学说的普遍性和逻辑简单性

追求理论学说的普遍性和逻辑简单性是理论研究的一贯

传统。能否用一种统一的方式解释众多现象？能否使理论学说本身更为简洁，用尽可能少的基本概念和假设来概括尽可能多的现象？这类思考有利于形成进一步探索的问题。

12. 揭露理论体系内部的逻辑困难

不少科学理论学说在体系方面常存在种种逻辑困难：或用作推理的前提并未获得充分的佐证，致使整个推论座落于"沙滩"之上；或存在逻辑跳跃与推理不严密，所获的"逻辑结论"实际上并非真正从前提中导出；或在逻辑上不能自洽，甚至从同一前提出发，导出相互矛盾的命题，从而造成"佯谬"与"悖论"。因此，研究者在面对现有理论学说时，要善于思考、分析，敢于提出诘难或疑难，揭露其中可能存在的种种逻辑困难，并设法加以纠正，这也是发现问题、形成课题的重要源泉之一。

13. 接受哲学预见和科学幻想的启迪

以先进的哲学思想和古老而经久不衰的哲学原理作为科学研究的哲学背景，或重视科学幻想的启迪作用，对于确立新思想、提出新问题有时是非常有益的。例如，格式塔学派关于"整体和部分"的研究与古希腊哲学家亚里士多德（Aristotle）的"整体大于部分之和"的思想多少有点相似之处。尤其随着科学的发展，由哲学预见和科学幻想变为现实的周期正在不断缩短，为此研究者更应直接或间接地从中获得教益。

诚然，一个研究者要发现值得研究的"问题"，则必须具备种种条件。首先,研究者的知识经验制约着"问题"的数量和质量。知识经验贫乏者只能发现明显或现成的问题;而知识经验丰富者才能把握研究对象的全部复杂性,提出常人尚未认识的问题。因为,知识经验与理解深度紧密相关。知识经验丰富者善于联想,或通过类比、比较、移植等方式把头脑中已有知识、经验用于探究与分析问题,这样有助于加深对问题的理解,由此做出的判断与评价就比较正确。这种人能从常人熟视无睹的事物或现象中窥视到深藏其中的奥秘,或领悟到其中蕴含的深远的意义所在。因而,知识经验丰富的人容易发现值得研究的"问题"。其次,研究者的思维方式也制约着"问题"的质量。具有辩证思维特征的研究者看事物比较全面、深刻,善于从前因后果、正面与反面、主要与次要、眼前与长远等方面辩证地思考、分析,因而对事物的理解比较透彻、全面,容易找到较为深刻的有价值的"问题"。值得一提的是,"问题"选择时须拓展思维,谨防思维定势的负面效应。定势是心理活动的准备状态,亦即在知识经验影响下处理与解决问题的倾向性。这种倾向性虽然有利于我们利用已掌握的种种原则与方法迅速处理自己所面临的问题,但也会在一定程度上限制我们的思路,阻碍对问题的正确判断与处理。因为一个人如用某种思路处理了若干问题后,往往会促使他以相同的思路去处理以后所面临的各类同题,心理学家以实验强有力地证实了这一点。假如实验中按顺序给被试五个英文字母：l，e，c，a，m，要求被试将其组合成一个有意义的英语单词。被试思考片刻后，以3，4，5，2，1的位序将这五个英文字母组成了camel。接着又按顺序给被试五个英文字母：h，c，b，u，n。结果，被试稍作思考，又以3，4，5，2，1的位序将这五个英文字母组成了bunch。当第三次按序给被试五个英文字母：p，a，c，h，e时，被试以很快速度再次以3，4，5，2，1的位序将这五个英文字母组成了cheap。从中充分显示了思维定势的偏见，其实p，a，c，h，e这五个英文字母可按不同排序形成好几个有意义的英语单词，未必一定要按3，4，5，2，1的位序排列。可见，思维定势往往会将偏见渗入主观意识，以至于使主体戴上有色眼镜，无法拓展思路，考虑问题时被死死地束缚在固定模式之中，因而无法发现具有创见性的问题且将其作为自己科研的主攻方向。此外，研究者的洞察力、鉴赏力与情报检索能力等都对发现问题有所影响。

二、确定选题

仅一般地提出问题还不能形成研究课题，因为现代科学面临"……是什么？""为什么……？""……是怎样的？"之类的问题不计其数。如要解决面临的所有问题是不可能的，况且在现实条件下，并不是任何问题的研究都能取得圆满成功。因此，对多种问题必须加以认真地思考、比较、筛选和取舍。那么凭借什么去思考问题，以选择和确定合适的研究课题呢？

严格地说,确定研究课题并无一成不变的格式和统一的方法,但是从大量成功的科学研究课题中去分析,却可概括出选题应当遵循的四项主导性原则。

1. *必需性原则*

科学研究具有明确的目的性,凡研究者选定并为此而努力奋斗的研究课题,研究者本人总认为是必需的。然而,作为一个成功的研究者,首先应从学科的发展需要着眼,去选定自己的研究课题,而这种抉择正是体现了选题的必需性原则,即所选的课题应是学科自身发展所迫切需要解决的关键性课题,而不仅仅是指符合研究者本人的需要。当然,选题渗透个人需要在一定程度上有助于发挥其特有的能动作用。人对认识对象的选择渗透一个必不可少的因素——评价,这是人对客观事物是否满足自身需要及满足程度所做的肯定或否定的价值判断,亦即主体依据自身需要的尺度对主客体之间的价值关系做出的判断。一般而言,凡能满足主体某种需要的客体常为主体所吸引与关注,并作为探究对象,力图接近或追求;反之,主体则会疏远、躲避这一客体。因此人接近某一客观事物,进而对其展开了解与认识,很大程度上是由主体的需要所引发的。就这意义上讲,人认识客观事物的根本目的,就在于能动地改造(或改变)对象事物,使之转变为对自身有用或有利的状态或形式,满足自身的某种需要。所以,选题渗透个人需要应是一种常态。问题是,如按必需性原则,所选的课题首先应考虑的是学科自身发展所迫切需要解决的关键性课题,而不是符合研究者本人需要的课题。

选题中之所以要遵循必需性原则,因为科学研究工作需要人力、物资、设备、经费、技术等物质方面的支持,如无这些物质条件,研究工作是无法进行的。尤其在现代科学研究中,往往需要众多的人力、巨额的经费以及价格昂贵的实验仪器和设备,任何稍微复杂的研究课题单靠个人的力量是难以维持的,只有得到国家、社会、单位赞同和支持的课题,才能解决研究中出现的各种具体问题,研究才会富于生命力,成功的可能性也比较大。

2. 可行性原则

科学研究的本质是探索奥秘,每一位科学研究者都希望自己能揭示的奥秘越深越好,研究成果越大越好。但客观自然规律是严峻的,研究者这种美好的愿望不能不受到客观规律和我们时代的科学技术水平的种种制约。恩格斯曾说过:"我们只能在时代的条件下进行认识,而且这些条件达到什么程度,我们便认识到什么程度。"[13]所以,一项研究课题即使为科学技术本身的发展所必需,并对研究者具有极大的诱惑力,但如果完成课题所必要的条件不具备,那也不可贸然选定。因此研究课题的选择除了遵循必需性原则外,还必须遵循可

---

[13] 恩格斯:《自然辩证法》,人民出版社,1971年版,第219页。

行性原则,即以现实所提供的实际条件为依据,来选择切实可行的研究课题。

切实可行的研究课题应该是客观条件和主观条件相结合的产物。客观条件主要指人力、物力、财力的保证以及学科发展所达到的实际水平。主观条件则指研究者个人的能力和知识水平。主客观条件是选题时必须考虑的两大因素,两者缺一不可。一般说来,初始接触科学研究工作的青年人不适合立即接触涉及范围广、概括层次深的课题,而应选择范围和深度都适合于自己专业基础和能力的课题。然后随着研究工作的多次进行,专业知识的扩大和深化,资料积累量的增多,研究能力的逐渐增强,可渐渐扩大自己的研究范围和深度。也可以求教于学科带头人和有经验的长者,或者干脆在他们的研究范围内选择一个小、易、简的题目作为自己的课题。这样,自己的研究工作也就成了老科学家研究范围内的一个组成部分,在工作中,就能得益于老前辈的指导和关怀。这有利于自己在研究中学会研究,也有利于获得研究工作的成功。这种初始的成功对青年研究者进一步献身于科学研究事业是一种有力的促动。相反,如果初始从事研究工作就屡遭挫折,就会使青年人丧失信心,从此一蹶不振。对于一个资深的科学家或具有远见卓识的学科带头人而言,应高瞻远瞩,所选择的课题可以难度大些,运用价值深远一点,这样有利于学科生长点的发展。当然,有些课题如果确实既大且空,十分渺茫,不仅现在,就是在可预见的将来,也不具备成功条件,那也不宜贸然选定。

总之,从可行性原则出发,选题时我们要周密、准确地估计完成课题所需要的种种条件。既不要好高骛远,轻举妄动;也不要妄自菲薄,畏难不前。尤其在对待个人与集体的问题上,更要慎重行事,量力而行。如果在主客观条件允许的前提下,个人选题、单独完成是一种理想的方案。因为科学研究是以脑力劳动为主的工作,它需要有独立的个体研究,需要在观察、实验的基础上进行逻辑思维,而每个人的思维方式、思维能力、科学素养和科学想象力各有差异,是不能互相替代的。所以,个人单独从事课题研究有其独特的优越性。近现代科学史上,一些新的理论学说、一些重大的科学发现就是由个人所提出的。许多定理、定律、公式也是以个人来命名的。这说明有创造能力的个人是科学得以形成与发展的基石,科学大厦就是在这种基石上建筑起来的。但是,如果个人的主客观条件不足以独立担负研究课题时,切不可自高自大,贸然独行。在必要时可借助于集体的力量,共同攻关。尤其是现代科学研究中的突破性课题,其难度高、规模大绝非个人单枪匹马所能胜任,而必须集体协作攻关,这是科学研究大型化、整体化趋势的要求。当然,研究者在集体攻关中,并不排斥独创,一种可行的方案是既有分又有合。按分工协作的原则,个体是协作的基础,在独立的个人研究的基础上,相互启发、相互补充、深入探讨,促使集体智慧的发挥,这样可以产生更大的创造能力,更快更多地获得研究成果。

3. 创造性原则

科学进展是以创造性成果为基础的,科学史上的每一项创造性成果都在不同程度上推进了人类对自然的认识。当前,为了揭示新的规律,以进一步提高人类的认识水平,需要不断取得新的创造性成果。为此,研究课题必须具有创造性特征,这是科学发展的需要。此外,研究课题的创造性也决定了课题研究成果的价值意义,如果单纯重复他人已经做过的同类工作,那就失去了研究工作的真正价值,到头来只能是浪费人力、物力、财力。

根据我国的现实情况,科学研究课题的创造性主要体现为:(ⅰ)前人或他人尚未研究过的课题;(ⅱ)前人或他人研究过但最终尚未解决的课题;(ⅲ)填补国内科学研究领域中"空白"的课题。

要选择好具有创造性的研究课题,首先要掌握科学研究动态。熟悉本学科的历史和现状,把握本学科前沿问题发展的脉搏和动向。切实了解本学科中,哪些问题已经解决了,哪些问题还没有解决但有人正在探索,哪些问题至今还未曾有人探求过。如果能够获得如此详尽的研究信息,那么自己所选的研究课题就不会重复他人的工作,就能保证课题的独创性特征。其次,研究者本人要有良好的思维品质。例如,强烈的好奇心、大胆的怀疑精神和丰富的想象力等都是选择独创性和突破性课题时必备的思维技巧。强烈的好奇心能引导研究者从随意观察到主动观察,发现更多的不被常人所注意的问题,从中进行比较,选择出具有新意的研究课题;大胆怀疑精神能使研究者摆脱既定成规的束缚,跳出传统思想的窠臼,去思索他人未曾想到的问题;丰富的想象力则能使研究者暂时摆脱客观条件的限制,使无法达到或无法把握的现象通过思想上的自由驰骋再现出来,从而为研究者提供新的思考线索、新的研究角度,引导研究者发现新的问题,提出新的课题。可见,良好的思维品质是保证选题具有创造性的内在动因或内在条件。此外,还要关注冷门与学科边缘性课题。尤其是诸学科的交接处往往是有待开垦的处女地,那里引出的课题往往具有创造性特点,问题的解决常常会导致新学科的诞生或本学科的重大变革。

4. 科学性原则

确定某些研究课题时,还应坚持"科学性原则",即以正确的理论学说为先导。已有的理论学说尽管是相对真理,但毕竟经受了科学实践的反复检验,是相对正确的。以相对正确的理论学说为指导,有助于把握科学研究的正确方向,否则很难对待研课题的科学性程度做出确切的评价,甚至使后继的研究工作偏离正确的方向,最终走上非科学或伪科学的歧途。例如,某些特异知觉与意念致动之类的问题,其提法与探求目标本身就是错误的，在一定程度上违反了客观规律，结果致使研究者经过一段艰苦探索后，很可能仍是一个无法解决的问题。物理学史上，曾有科学家热心于研究"永动机"，因其违背能量守恒与转化定律，结果花费大量时间、精力，仍一事无成。对此类问题，研究者不应将它们当作科学问题卷进去加以研究。当然，"科学问题"与"伪科学问题"的界限在许多场合下并非是清晰可辨的。一种现象能否作为科学问题加以研究，研究结果是否有意义，一般认为，只能根据一定的科学背景所提供的理论知识来加以判定，即根据现有科学规范或已知规律对待研究的问题做出一定的意义评价。但这仅是审题的一般性依据或原则，在具体判定中仍有相当难度。因为，科学（以至整个现代科学）所提供的仅是"已知知识"，而待研究的问题所指向的却是"未知对象"，从"已知"到"未知"的预测并非是必然的。况且越具有革命性的问题、越是向现有理论提出挑战或与理论相冲突的问题，就越难估计它的意义。这类问题常常因与现有科学理论和已知规律相冲突而被当作伪科学问题而遭受打击或扼杀。有时恰恰是这些风险很大的革命性问题才真正具有无可估量的伟大意义，而那些比较稳妥且不冒风险的问题可能提供的东西却往往很少。所以，我们必须对具体问题做具体分析，决不能一概而论。

以上四项原则既相互区别又相互联系，任何一项都会影响到研究工作的成败和研究成果的价值意义。所以，我们在选题时,应以四项原则为准绳,加以综合考虑,这样才能选择出合适的研究课题。此外,选题时还应适当考虑个人的兴趣和爱好。兴趣是人对客体的一种特殊的认识倾向,它具有指向性、趋向性、持续性特征,因而兴趣能融入人的认识过程,对确定认识对象发挥其应有的能动作用。这种能动作用主要体现在两方面:其一,兴趣对主体确定认识对象具有牵引作用。某一具体事物之所以能与人形成主客体关系,这不仅取决于它符合人的某种需要,而且也与人的某种兴趣有关。由于现实与长远的需要,作为一个专业研究者应认识与了解的客观事物或现象是多种多样的,因而所面对的研究领域无限宽广。但需要往往与可能是矛盾的,一个现实的研究者不可能将自己认识的触角同时指向为数众多的研究对象,于是研究对象选择就成了研究活动的开端。而行使这种选择的依据之一即是兴趣。凡人感兴趣的对象容易进入视野,成为人自觉关注、认识的对象,兴趣对确定认识对象的先导作用在科学认识中表现得十分明显。例如,艾萨克·牛顿(Isaac Newton)对"引力"的研究、阿基米德(Archimedes)对"浮力"的研究、伽利略(Galileo Galilei)对"摆力"的研究,都在一定程度上受兴趣所牵引。因此爱因斯坦认为,促使人们去观察、探索某一客体奥秘的,实际上是一种与信仰宗教的人或谈恋爱的人精神状态极类似的兴趣和激情。诚然,兴趣仅是认识中的倾向,而不是活动中的倾向。从这意义上讲,人对某事物感兴趣,未必一定去从事某种相应的活动。但是,思想上的认识倾向与行为方向之间是紧密相关的。一个人热衷于某种活动,其内在动力往往来自他对这一事物的兴趣,因此兴趣对认识对象有某种确定作用是显而易见的。其二,兴趣是推动认识活动持续进行的强大动力。在科学研究领域,许多科学家之所以能孜孜不倦地研究问题,苦攻难关,除了崇高的科学理想在起激励作用之外,在一定程度上也凭借兴趣的支撑。对某一课题的兴趣,能使研究者克服难以想象的困难,甚至毫不计较个人得失、报酬、荣誉,而始终坚持下去,这是科学认识活动得以持续进行的内在动力,也是易于获得丰硕研究成果的基本保障。

三、课题评议与论证

为避免选题的盲目性,凡涉及需要较多人力、物力和资金的选题,常需要搞同行评议和开题论证。同行评议就是请同行专家对研究课题的立题依据、实施条件、社会价值、规划、程序等进行分析论证和综合评价。开题论证是同行评议的一种公开形式。有时,经同行评议和开题论证后,还须经领导部门核准。

课题评议与论证不仅有助于及时发现和甄别课题的价值和意义,而且也有助于沟通研究信息,避免与他人进行重复性研究,便于把有限的精力投入到尚待解决的问题中去,以减少种种浪费和损失。

为了顺利地通过评议,研究者须事先对拟选课题的一般历史背景进行充分的调查研究,做出描述和评论,进一步提出所要解决的具体问题,以及解决这些问题的方法和步骤,并预期研究的可能性结果。由此可见,进行课题论证本身已经是一种研究,因为它必须占有翔实的资料,旁征博引,以齐全的参考文献和精致的分析来支持自己关于课题的主张。

研究课题经论证确定后,研究者还须进行知识结构的调整。这种调整包括两个方面:其一,将平日积累的科学资料按已定课题的需要进行整理、组合和变换,形成一种新的知识结构体系,以适应研究需要。其二,对原有的资料进行补充和完善。因为仅靠平时积累的面上资料很难解决具有一定难度的研究课题,所以必须增补新的知识信息,掌握高深的专业知识,也就是要进行知识的填漏补缺工作。研究课题确定之后的文献资料查阅应注意三点:一是"关联性",即牢牢把握所查阅的文献资料与研究主题的关联度。与现代科学相关的文献资料极为丰富,如能掌握良好的查阅技巧与方法,就能从"书山文海"中搜索到与研究主题关联度很强的研究资料,就能节约时间,提高查阅效率。二是"前沿性",即重点查阅那些与研究主题相关的最新、能反映当前学术研究最高水平的文献资料。具前沿性的文献资料能使课题研究奠基于高水准的学术平台上,经研究容易形成学术生长点,有助于使研究成果具有创新性特征。三是"全面性",即尽可能全面、系统地查阅与研究主题相关的文献资料。客观地说,一个研究者在有限时间内试图从极其巨量的中外科学文献资料中获得所有与研究主题相关的学术信息几乎是不可能的,但尽可能全面、系统地查阅与研究主题相关的文献资料是必需的。因为,即使疏漏一篇与研究主题相关的重要文献,就可能对自身研究工作带来不可估量的损失,可能使研究工作反复折腾,浪费大量时间与精力。

如何快速、有效地获取与研究主题相关的文献资料是一项艰巨的工作,目前以计算机检索为主、通过互联网获取资料已成为当今取得学术信息最常用的途径,因而研究者要十分熟悉与专业相关的各类信息检索系统。例如,常用的国内外综合信息检索系统有万方数据知识服务平台(http://wanfangdata.com.cn)、中国知网(http://www.cnki.net)、中国科技网(http://www.cstent.net.cn)、Web Of Knowledge (http://apps.isiknowledge.com)、OCLC FirstSearch(http://firstsearch.oclc.org);常用的中外图书信息资源系统有《全国新书目》、《全国总书目》、《中国国家书目》、《书目索引》(Bibliographic Index)、《世界书目之书目》(A World Bibliography Of Bibliographical Catalogues)、《在版图书》(Books In Print);常用的中外期刊信息资源系统有"中国期刊全文数据库(http://www.cnki.net)"、"万方数字化期刊全文数据库(http://c.g.wanfangdata.com.cn)、"龙源期刊网"(http://www.qikan.com.

cn)、"全国报刊索引数据库"(http://lib.buct.edu.cn)、Kluwer Online Journals(http://kluwer.calis.edu.cn);常用的中外学位论文信息资源系统有"中国高等教育文献保障系统CALIS学位论文数据库"(http://www.calis.edu.cn/)、"CNKI中国博士学位论文全文数据库"(http://www.lib.stu.edu.cn)、"CNKI中国优秀硕士学位论文全文数据库"(http://library.xaut.edu.cn)、Dissertation Abstracts International(《国际学位论文摘要》,简称DAI)、Comprehensive Dissertation Index(《学位论文综合索引》,简称CDI)、PQDD学位论文全文数据库(http://www.lib.nit.edu.cn)

总之,凡是与研究课题有关的重要资料都要做最大限度的搜集。当然,在补充资料时不应消极地用大量资料充斥自己的头脑,而应该把不同的资料加以整理、比较,从中发现它们之间的差别、矛盾和现有知识上的空白点。这样,问题的脉络就会逐渐清晰,研究者的视野就会逐渐集中,研究课题的范围就会逐渐由大到小、由面到线、由线到点,而这一点就是课题的中心——突破口。为了攻克这个突破口,首先要确定正确的研究策略。

第二节 获取经验事实

搜集科学文献资料虽能继承前人或他人的研究成果,但很难做出超越他人的科学发现,况且一项研究从价值性出发,理应具有不同程度的创造性。因此,研究者除了要利用他人的研究成果之外,还必须通过自己的研究实践去获取有关研究对象所反映的更为丰富、具体的"事实"。"事实"这个概念在科学研究中常有两种理解:其一是指研究对象暴露的现象或运动过程,它们当然是客观的;其二是指研究者通过观察、实验等手段,对客观对象的现象或过程的反映和描述。所以,为使概念具有精确性,必须把"事实"划分为"客观事实"与"经验事实"两种不同的概念。科学研究中,凡被研究者观察到且反映到认识主体之中、经语言和文字陈述的"事实"都属"经验事实",而非"客观事实"。尽管"经验事实"与"客观事实"之间可能存在差异甚至有很大差异,但作为科学内容的一部分并用来建立科学理论学说的却正是这种"经验事实",而且作为检验科学理论学说真伪标准的还是这种"经验事实",因此"经验事实"是科学研究的基础。所谓科学经验事实,就是研究者对客观存在的现象(或过程)的真实描述。获取科学经验事实主要凭借科学观察与科学实验。

一、科学观察

科学观察是研究者有目的、有计划地利用感官认识和描述自然事物或现象,获取经验知识的手段(或方法)。

科学研究中对研究对象的观察不同于日常生活中对一般事物的观察,这种不同点主要表现在:(ⅰ)研究中的观察是出于特定研究课题的需要而进行的,它有确定的观察对象与明确的目的,是一种积极、主动地对特定事物加以考察的举动。而日常观察大多无十分明确的目的,一般表现为消极地接受种种现象;(ⅱ)研究中的观察为揭示研究对象的内在规律,总是力求全面获得研究对象的各种现象,并以一定的理论知识去判断、理解观察所获的结果,而日常观察只限于短暂的"注视",并以常识或经验去判断、理解所获的结果;(ⅲ)依据研究任务的需要,研究中的观察所获取的结果一般需做准确而系统地记录,以便对研究对象的各种属性进行分析、研究,而日常观察则没有这种必要。可见,研究中的观察不同于日常中的一般观察。当然,两者之间也有相似点,即对对象的观察都处在不加任何变革和控制的条件下进行,如此才使观察与实验显示出本质的区别。

1. 科学观察的主要职能

从认识论角度着眼,科学观察的主要职能在于获取具体、详细、全面的经验事实。这些事实虽然只是一种感性材料,只是出现在研究者眼前的漫无程序的现象,但其中大多数却是研究对象的各种属性的真实反映。利用这些事实,并借助于正确的理论思维去整理和加工,就能提出科学假说,做出科学发现,进而形成科学定律。所以,科学研究的起点是收集和获取丰富的经验事实,而要实现这一目的就必须借助于科学观察。

事实上,科学观察并非是获取经验事实的唯一途径和手段,尤其自现代科学整体进入了实验科学的行列后,实验以其特有的认识功能跃居为科学研究中的重要形式,然而科学实验的出现与发展并没有降低科学观察在现代科学研究中所担负的职能。一般认为实验有两个目的,即观察迄今未知或未被释明的新的事实、判断为某一理论提出的假设是否符合大量可观察到的事实。可见,实验所欲实现的目的只有通过观察才能达到,否则一项科学实验成果决不可能转化为我们认识上的财富。所以科学实验的发展非但不会贬低科学观察的价值,反而大大扩展了科学观察的适用范围。在现代科学研究中,科学观察一方面除了组成科学实验中必不可少的部分外,还担负着科学实验在某种情况下不能起到的特殊作用。这种特殊作用大体反映在三个方面:第一,在无法对研究对象进行改变和控制的情况下,要获得这类研究对象所反映的真实的现象,必须采用科学观察。第二,在不允许对研究对象加以干扰的情况下进行研究也必须运用科学观察,因为研究对象要暴露其真实情况,必须处在自然状态下,保持其完整和不受干扰,否则研究对象反映的现象就不真实,以致无法揭示现象背后的内在规律。第三,在某些以直接记录和描述对象为基本前提的科学分支学科中,科学观察是不可缺少的基本方法。例如,发展心理学、发育生物学等学科中的许多问题都需要对被试的言语、行为特征进行描述和记录,因此都离不开科学观察。

科学观察的最大优点在于,能保持被观察研究对象的自然性和客观性,使研究者能获取比较真实的材料。但是,这一方法也有其缺点:第一,由于科学观察对被观察对象不做任何控制,仅对自然状态下所呈现的科学事实进行考察,因而观察者经常处于消极等待的被动地位。所获得的材料也具有偶然性与片断性特征。第二,就一般而言,科学观察只适用于那些能重复出现或变化过程不太急剧的现象的发生过程,而那些事过境迁,转瞬即逝或无法重复的现象与过程就不能单纯地使用科学观察。因为在这些情况下观察所得到的结果无法复核,无法判断其正确与否。第三,观察只是对事物的表面联系和外部现象的认识,无法揭示现象间存在的因果必然性,更无法把握事物的本质及其规律,因而对事物的认识仅处于知其然而不知其所以然水平。所以,恩格斯认为,单凭观察所得的经验,是决不能充分证明必然性的。此外,观察还具有难以获取定量化的精确数据、所用时间长、易受环境条件的制约等缺点。因此,科学观察必须用其他方法来弥补其不足。

2. 科学观察的三项原则

怎样才能正确地进行科学观察?怎样才能有效地获取对研究有用的经验事实?关键在于要遵循三项基本原则:

首先,要坚持科学观察的客观性原则。就是说要从实际出发,采用实事求是的科学态度,按照研究对象的本来面貌去反映对象，而不能搞主观虚构，这是进行科学观察的基本要求和必要前提。不可否认，任一科学观察都是在一定的理性因素参与下进行的。研究者在观察活动中，观察什么，同观察者的目的和主观状态有关。但是，为了搜集到研究对象所反映的客观事实，在观察中既要有明确的目的，又必须避免犯主观性错误。坚持观察的客观性，才能保证观察所获得的结果确实是研究对象所反映的真实情况。而得到了研究对象所反映的真实情况，才便于从真实的观察材料中提炼出正确的结论，进而发现支配现象的内在规律。

在科学观察中，出现主观性错误是常有之事，问题是我们要善于找出产生主观性错误的根源，以便采取措施加以改正或避免。那么，究竟有哪些主观因素会导致观察材料的虚假呢？在各类科学观察中比较常见的和典型的主观性错误有三种：

一种叫"先入之见"。这是由先前的科学假说所造成的。科学观察中，观察者总会抱有某种思想和见解去进行有目的、有方向性的观察，或者说观察总是在一定的思想指导下进行的。这种指导性思想多半属于初步的科学假说。如果观察者在观察之前所形成的科学假说是基本正确的，那么正确的科学假说就有助于提高观察的效率。相反，如果观察者预先形成并作为观察指导思想的科学假说是错误的，那么这种错误的科学假说往往会使观察者戴上"有色眼镜"，从而表现为热衷于观察、搜集能证明原有假说的现象,而对于大量的与原有假说不符的现象则视而不见,听而不闻,甚至用自己的假说去歪曲观察结果。这样就坠入了主观主义的泥潭,犯了观察主观性错误。在这种状态下所获得的观察材料,就不可避免地掺杂着一定比例的经主观歪曲的虚假材料。因此法国科学家贝尔纳(Claude Bernard)说:一旦观察和实验开始,观察者就应把他的假说忘记。当然,在观察中要完全排除假说对理性思维的影响作用是不现实的。观察者在观察中应该既要"看"又要"思"。但这种"所思"的意图主要是去寻找存在于他所观察到的各种客观现象或要素之间的联系,而不是筛选现象以符合自己的愿望。正如英国著名科学家托马斯·亨利·赫胥黎(Thomas Henry Huxley)所深刻论述的:我要做的是教我的愿望符合事实,而不是试图让事实与我的愿望调和。我要像一个小学生那样坐在事实面前,准备放弃一切先入之见,恭恭敬敬地照着大自然指的路走,否则就将一无所得。

另一种叫"无意过失"。主要指观察者在观察科学现象(过程)中无意识地掺入了主观因素,使所获得的观察材料没有如实地反映研究对象的客观实际。例如,正确的观察态度应当是在所获的现象材料十分丰富,这些材料本身足以把现象之间的联系暴露出来时,才去建立现象间的联系。然而有的观察者却不是这样,他们往往在没有得到研究对象的系统的观察材料时,或者在所获观察材料之间存在不连续的间断时，就无意地根据自己头脑中过去的经历、经验、知识、偏见等想当然。尽管经验来自实践，并受实践的多次检验，具有一定的正确性、可靠性；用经验指导类似于造成经验的那种实践活动时，既能提高实践活动的效率，又能保证实践活动取得成功；但经验终究不能代替事实，如经验脱离现实，就可能得出错误或歪曲的结论。科学观察中，如凭经验做主观想象去填补事实材料之间的不连续面，从而做出推测性记录和陈述，就不可避免地会做出错误的结论。

再一种叫"假象"，这是指研究对象本身表现出来的一种现象，但这种现象往往是对研究对象固有规律性的一种歪曲，当观察者主观上对此认识不足时，观察结果常常会发生错误。假象的形成常常与观察者的直观观察角度有关，因此要避免观察中的假象，就要对观察对象进行多方面、多方位的观察，要从为数众多的现象中去判断哪些是假象，哪些是真象，剔除假象，保存真象，就能为发现客观规律提供条件。

其次，要坚持科学观察的全面性原则。科学观察的全面性原则是指，要尽可能地从多方面对研究对象进行观察，把握研究对象的多方面的属性，使观察所获得的现象材料和数据力求丰富和系统。由于科学研究对象极为复杂，我们要客观地认识它，就要尽量全面、周密、细致、准确地观察它的各个方面、各种表现以及它们随时间的变化、沿空间分布、它们的产生条件、与周围环境的关系等，以便把握对象的全部规律和联系。在这方面,列宁说得好:"要真正地认识事物,就必须依据研究它的一切方面,一切联系和中介。……我们决不会完全地做到这一点,但是,全面性的要求可以使我们防止错误和僵化。"[14]

既然观察的全面性十分重要,那么一个科学研究者怎样才能实现对研究对象的全面观察呢?

要做到全面观察需要避免先入之见的干扰。观察具有明确目的性,在目的性支配下,研究者有时会有意搜集自己认为有价值的观察材料,而忽视自己认为无价值的观察材料。这样,经主观意向筛选后所获取的观察材料,就受到了先入之见的干扰。这种观察材料与被观察对象实际反映的情况相比,显然只是其中的一部分,这样就造成了观察材料的不全面。

要做到全面观察还要善于搜索细节和留心意外事件。研究对象的内在规律必然会通过种种细节现象反映出来,因此研究者要善于搜集细节现象,以便通过现象渠道去揭示对象的内在规律。一个善于搜集细节的观察者由于获得的观察材料和数据比较丰富、系统、全面,因而做出科学发现的可能性就大。尤其是某些关键性的细节现象对揭示研究对象的内在规律具有重要作用,这种现象一旦被抓住,做出科学发现就有了希望。相反,如果不善于搜集细节,就会将许多可能得到的

---

[14]《列宁选集》第四卷,人民出版社,1972年版,第453页。

重要事实疏忽和遗漏,结果获得的观察材料零碎不全,无法作为进一步分析、研究的基础。在搜集细节时,特别要善于搜集那些意外事件,即突然出现的、事先无准备、无法预料的事件。值得指出的是,搜集细节必须"观"与"思"结合。因为观察包括两个不可缺少的因素:一是感知因素(主要是视觉);二是思维因素。正因为如此,人们把观察称为思维的知觉。"观"与"思"的结合能加强对事物的印象,便于理解和记忆。如果"观"而不"思"、"观"与"思"分离,如过眼烟云,转瞬即逝,在大脑中不会留下深刻印象。"观"与"思"结合还能提高对事物的辨别能力,增强观察的敏锐程度。习以为常的事物常常不易引起人们的注意,而那些善于观察且深思的人却可从中获取价值千金的"宝贝"。众所周知,青霉素是由英国生物学家亚历山大·弗莱明(Alexander Fleming)所发现。1928年,弗莱明在处理被污染的玻璃培养皿时,观察到一个青霉素菌落周围的葡萄球菌都被杀死了,他没有放过这一现象,而是在深思中窥视到这一现象可能具有的重大意义,经反复研究,终于发现了青霉素。如在观察中采取随意态度将事物反映的现象不知不觉地忽视过去,结果只能浅尝辄止,仅认识事物的一些表面特征,而不能揭示出隐藏得较深的本质特征。早在弗莱明之前,已有不少生物学家观察到青霉素菌能杀死葡萄球菌这一现象,但他们都以不加思考的态度将这种现象放过去了,由此失去了发现青霉素的机会。这只能说明未加思考的观察力是迟钝的,而弗来明在思考中抓住了这一现象、发现了青霉素,这说明伴随认真思考的观察力才具敏锐的特征。要养成"观"与"思"相结合的良好习惯,唯一的方法是在观察实践中,借助意识的支配作用,自觉地进行边观边思。为了促进观察中的思考,也可对观察对象多问几个"为什么",疑问有利于集中注意力,促使自己多想多思。这种"观"与"思"结合的实践,只要持之以恒,就能转化为习惯。

要做到全面观察必须持久、反复多次地观察对象。因为系统与全面的观察材料需要长时间积累。科学史上,不少著名研究者为了获取对象的观察材料,持之以恒,几十年如一日,才从相对全面的材料中做出重大的科学发现。

要做到全面观察除了要在观察时间上有充分保证之外,还要注重观察材料的积累和记录方式。俗话说:机不可失,时不再来。对于观察中已经得到的材料都必须及时做出详细笔录,即将观察的时间、地点、条件、现象(或事件)等都如实记录下来,以防遗忘。在现代科学研究中,有时还须用绘图、摄影、录音、录像等现代化设备把难得的现象材料保存下来,以备查考。

第三,要坚持科学观察的典型性原则。就是要选择具有代表性的观察对象,掌握良好的观察时机和选择便于观察的地点场所。科学研究对象极为复杂,其本质常为纷繁的现象所掩盖。为了准确而迅速地从现象中把握研究对象的内在规律,就必须把众多的观察对象进行比较,从中选出具有典型特征的观察对象。这种典型的观察对象具有与其他相类似的对象所共有的基本属性,而内外过程或结构相对比较简单,特征变化比较纯粹和单一。对这种对象进行观察研究,可变因素少,干扰因素小,比较容易揭示科学规律。例如,为研究气质与人的高级神经活动类型之间的关系,心理学家曾选择 20 对同卵双生子作为观察对象。由于同卵双生子之间具有几乎相同的高级神经活动类型,因而成对个体之间的先天性素质差异较小,可变因素少,这种对象就具有一定的典型性特征。如两者长期生活在完全不同的环境之中,而气质类型却基本相似,就足以说明高级神经活动类型对个体气质的决定作用。心理学家正是得力于同卵双生子这种具有典型特征的观察对象,才揭示了气质与高级神经活动类型之间的内在联系。此外,如艾宾浩斯(H. Ebbinghaus)研究遗忘选用的"无意义音节",言语信息表征研究中选用的"双语者",启动效应研究中选用的"健忘症患者"等都具有可变因素少、干扰因素小的典型性特征,因而都是研究特定心理现象的良好的观察材料。研究者除了要善于选择典型的观察材料外,还要善于选择典型的观察条件。观察总是在一定条件、一定范围内进行的。不同的观察时间、场合和地点,其观察的效果和结果是不一样的。为便于揭示研究对象的内在规律,要尽量选择那些少受干扰的典型条件进行观察。如在纷繁复杂的观察条件中,各种因素交织在一起,往往很难达到对研究对象的真实了解。

因此,有经验的科学研究者总善于选择比较纯粹的条件去实施观察。

综上所述,为了正确有效地进行科学观察,必须坚持客观性而防止主观性;坚持全面性而防止片面性;坚持典型性而防止盲目性。这样才能获得十分丰富的符合实际的观察材料。

二、科学实验

科学实验是研究者根据研究课题规定的目的,利用仪器、设备,人为地控制与干涉研究对象,即操纵各种实验量度(条件),排除主、客观干扰,突出关键因素,在有利的情境下观测研究对象,以获取经验事实的方法。

美国实验心理学家安德伍德(B. T. Underwood)曾给科学实验以高度评价:"迄今为止,实验是检验因果关系的最为简单明了的技术,用别的方法求证行为的结果关系通常是令人沮丧的。"[15]事实确是如此,科学观察由于对无关变量控制不严格或未加控制,只能反映自变量和因变量之间的某种相关性,而不能阐明两者之间的必然的因果联系。为此,要揭示自变量与因变量之间的函数关系,则需使用科学实验。

1. 科学实验的主要职能

科学实验作为现代科学研究的重要手段,其主要职能可

---

[15] B·T·安德伍德:《心理学实验方法》,科学出版社,1983年版,第18页。

概括为以下四个方面：

(1) 纯化和简化科学现象

科学现象极为复杂，一现象常与其他现象处在普遍联系之中，一外部现象又大多是众多的内在因素（或活动）相互影响、共同作用的结果。对于这种错综复杂的现象间的联系之网，单凭观察很难判断引起某一现象的因素究竟有多少，更难辨认其中的哪一因素占据主导地位。而科学实验则能借助于各种仪器、设备，人为地控制现象（或过程）发生的条件，把某一现象（或过程）从多方面的联系之中分离出来，对它进行单独考察，或者根据研究的需要，突出某些主要因素，排除其他偶然、次要因素的干扰，使研究对象的某一（或某些）属性以较为纯化和简化的形态显示出来，便于研究者能准确地认识它。例如，严格控制彩色的明度（采用 36 勒克斯的白光）和视野的大小，单一地变换光谱的波长，就能准确地揭示出波长同色调间的函数关系。又如，实验中给被试服用肾上腺素后，随着被试血液中肾上腺素含量的增加，被试被引发出恐惧、害怕时特有的机体变化（如发抖等），但被试并没有体验到害怕的情绪，从而为判定机体变化与情绪变化之间的因果关系提供了依据。

(2) 重现与"重演"科学现象

科学规律是科学现象间内在的稳定联系，这种稳定性的基本特征就在于重现性。只要具备条件，合乎规律的自然现象必然会重复出现。科学实验的重要作用之一就是能创造一定的条件,促使合乎规律的科学现象(或过程)反复出现,便于反复观察和研究。不可否认,在自然条件下某些科学现象只要存在于相类似的时空中,就能反复呈现,研究者也能对它们进行反复观察,但这种观察须等待很长时间,听命于某种机会,尤其在各种环境因素的干扰下,往往使两次重复出现的现象很难完全一样,这就给客观地认识研究对象增加了难度。而在科学实验中,由于实验条件是受控的,研究者能按照研究工作的需要,使某一现象(或过程)在几乎相同的条件下反复重现。显然,这种"重现"有利于研究者对它进行长时间观察、研究,因而有利于获得有关研究对象的规律性认识。德国心理学家马克斯·韦特海默(Max Wertheimer)正是利用了心理实验的这一功能在暗室中进行了运动的视觉研究,才发现了"似动现象"产生的原理。此外,科学实验中如借助于特定的实验仪器、设备,还能在一定程度上使时过境迁的现象得以"重演"。例如,人的空间知觉是怎样形成的?历史上曾有两种观点:先天具有与后天获得。直至二十世纪初,心理学家做了著名的"视像倒转"实验,才有力地证明了空间知觉不是先天存在的,而是个体经后天学习获得的。在一般情况下,这种学习过程是在人生的幼年阶段进行且不为人所察觉与记忆,但实验却能"重演"这一过程,确认这一过程的存在。另一种"重演"就是借助于实验仪器、设备将有关研究对象的规律性认识转化为其他形式,使其"重演"。在这一方面,典型的例子就是计算机模拟。

(3) 使无法直接观察或内隐的机理、过程(活动)经转化而外显

自然条件下的科学观察只是一种被动行为,它只能搜集有限的现象材料,无法深入地认识对象的内在本质。科学实验则能利用仪器、设备去控制研究对象,迫使研究对象将不可见的内在机理以较为定向的形式外化于可见的现象之中,便于研究者分析、研究。所以巴甫洛夫(I. P. Pavlov)说:观察是搜集自然现象所提供的东西,而实验则是从自然现象中提取它所愿望的东西。目前,许多科学研究者正是借助实验手段,经过巧妙的构思和设计,创造出特殊的实验条件,才使自然界微观领域的诸多变化规律以及人体内隐的生理与心理过程经转化而得以外显,为揭示该类现象的内在奥秘提供了条件。例如,人对外界事物的识别过程在自然状态中是无法加以研究的,因为该过程不能进行直接观察,人本身又意识不到。为研究这一无意识的内隐过程,心理学家借助于实验法,使刺激映象在眼球运动的状态下,投射于网膜同一位置不变,结果发现,网像的消退不是无规则的,而是一部分一部分地消失,留下的部分又构成了一个整体,由此揭示了人对外界事物的识别是一个先抽取特征,然后再加以组合的过程。又例如,20世纪60年代末,心理学家发现,被试在不能再认或回忆近期

学过的项目时,却能在一些间接的记忆测量中表现出对这些项目的记忆效果。后来心理学家把这种记忆称之为"内隐记忆"。由于这种记忆的存在不能为正常人所意识,而正常人在记忆系统完好无损的意识状态下又无法彻底排除作业中的有意回想策略,故在一般情境之中无法分离出正常人的相对"纯净"的内隐记忆加以计量与研究。但利用实验却能严格控制意识干扰,创造一个使被试能以相对纯净的无意识方式识记刺激项目的情境,于是内隐的记忆状态经转化而得以外显,为客观、精确地研究"内隐记忆"提供了有效手段。

(4) 强化和激化自然现象

为研究某些特殊环境(或情境)对特定物体的影响作用,科学实验能凭借仪器、设备,创造出自然状态下难以出现的特殊条件,使自然的常态力量得以加强或减弱。在这些特殊条件下,特定物体的变化及其特性会得到某种程度的强化或激化,从而反映出在自然状态下不能或不易暴露的新的特征,便于研究者对其进行分析、研究。例如,1954年心理学家设计了"感觉剥夺实验"。该实验情境使被试者的注意力、知觉力、思维力等都受到某种程度的激化,显示出一些在正常状态下难以出现的特征,从而证实感觉对于维持正常的心理是非常重要的。此外,如要考察强噪音对人体的影响作用,可在实验室范围内加大音量,设置烦杂的噪音;如要研究高空、海底、宇航等特殊环境或汽车、飞机驾驶等特殊工作条件对心理的影响作用,则可在实验室中创造相应的模拟环境。这些人为设置的情境都能强化与激化相应的研究对象,便于研究者对其进行观察、分析。

正因为科学实验的具体运用比其他经验性方法具有更为特殊的功能,才使现代科学中的许多重大发现和突破得以实现。可以预料,随着科学技术的发展,实验手段的现代化,科学实验在现代科学研究中所占据的地位将会越来越重要。

当然,事物都是一分为二的,科学实验尽管有种种认识功能,但它也有不足之处:其一,科学实验在以人为对象的研究中其运用范围相对比较窄。例如,要求被试接受激素注射、痛力、电击、强噪音、群体压力、饥饿,或带有欺骗性"服从"的实验都会对被试的心理或生理造成一定程度的损害。因此,研究者在实验中,要慎重解决实验可能涉及的诸多社会伦理问题,要最大限度地减少被试的心理损伤程度,而不能为达到实验目的而随意行使。其二,用实验方法研究人体现象往往难以控制众多的无关变量。控制过严会使该类现象失去其生活原型,得到的只是脱离实际的"假想规律",控制太松则又得不到确定的因果关系,即违背实验本身的要求,失去实验研究的意义。其三,实验研究结果很难与真实状态相吻合,很难推广到一个较大的群体。因为强调严密而产生的实验设计是严谨的,但适用范围往往是有限的,许多实验所涉及的情景是陌生的、人为的、短暂的和追求不寻常行为的,它们难以被推广到别的情景中去。因此,实验设计应尽量和真实情境相似,否则会掺入更多的人为因素而影响研究结果的普遍意义。

2. 科学实验的一般程序

科学实验是运用实验法的一种实践活动,那么该活动过程应概括为哪几个主要环节?其中有何规律?研究者在该过程的各个环节中应注意哪些事项?下面,笔者就该类问题做一简论。

笔者认为,如果暂且不论实验结果处理,仅以获取科学经验事实为目的,那么一项科学实验从准备到实施大致要经历以下几个环节。

(1) 实验课题的确定

研究课题确定之后,事实上已规定了实验研究的总方向,不过科学研究课题一般比较复杂,往往会涉及不同层次的问题,其中有的直接而浅近,有的则间接而深远。因而必须进一步明确课题中所包含的问题,要把不确切的问题变成清晰和确切的问题,要进一步明确课题与相邻课题的联系与区别,要把那些与本课题有联系但不属于本课题研究的那些问题区别开来。这样就可以更加具体地明确课题研究的任务,划定课题的范围和界限。此外,就课题内部而言,完成一项研究课题不能仅仅依靠一个实验。初看起来,一项研究课题似乎只是单一的"问题",是不可分解的,但如对它做深入细致地分析,就能发现任一研究课题均由几个方面所组成,其中每一方面都可能构成问题,而成为我们的实验对象。所以,研究课题确定之后须做周密思考,将研究课题分割成若干问题,并依据问题之间的内在联系,使其形成一个有机的系列,而相互联系之中的每一问题便可作为一个实验课题。这样研究课题经分解便成了具有一定层次结构的问题网络,而研究课题的解决就体现为进行相互联系的一组实验。其中每一实验围绕中心问题,解决统一目标中的一个方面(部分),一组实验相互联系、相互制约构成了解决研究课题的总画面。可见,研究课题的分解是确定实验课题的前提,如研究者不对研究课题做分解,或无力分解研究课题,就可能会坠入雾中,找不到解决问题的方向和具体办法,不能确定和安排必要的实验课题。

(2) 实验构思

所谓实验构思,即形成初步设想。实验构思是进行实验设计的前提。其基本的思维操作是全面而深入地分析实验对象,如分析不足就可能判断不准,无法对实验形成一种切实可行的初步设想。当然,思维中的实验是很难预测其具体细节的,即对未来实验中可能呈现的因果联系很难做出十分肯定的判定,但既然要构思,就必须做出某种判定。此时,为使预先做出的判断能尽量符合客观实际,研究者的每一步思考均须以科学理论学说为依据,并借助于合理的逻辑推理。这样才便于预先对支配实验现象的因果联系做出较为正确的判定,才能从实验目的过渡到具体的实验设计。所以,实验构思实质上是运用已有理论学说进行逻辑推理的思维操作。

(3) 实验设计

经实验构思形成某种设想后,为选择合理途径去实现这种设想,须进行实验设计,这是使理性构思转化为感性形态的中介性环节,它对研究的进展和成败至关重要。一项合理巧妙的科学实验设计能以较少的人力、物力与时间,最大限度地获得丰富且可靠的科学事实。心理学史上,许多难题的解决都得力于合理巧妙的实验设计。例如,关于短时记忆的遗忘机制历来有两种假说:干扰说与消退说。但要判定"干扰"和"消退"这两种因素对遗忘的影响大小却非常困难。因为干扰作业总需要一定的时间延续,而有时间延续就存在记忆的"消退"因素。此外,被试在回忆前即使不进行额外作业也难以完全排除主体内外因素的干扰。这就是说,在正常的遗忘状态中,"干扰"与"消退"交织在一起,很难加以分辨。直至1965年,心理学家设计了巧妙的"探测"实验,才将"干扰"与"消退"这两个纠缠在一起的因素分开了,实验支持了"干扰说"。此外,心理学中"感受野实验"、"记忆扫描实验"、"部分报告实验"、"输入项目实验"等都因设计精巧、合理而备受同行赞叹。

实验设计须拟定出实验的具体方案、步骤。怎样选择合理的样本及合适的样本大小?怎样操纵自变量以获得可观察的因变量?怎样控制无关变量且减少测量误差,从而以最为合理、最为有效的方式达到预定的研究目标?目前,随着现代应用数学的发展,某些数学方法应用于科学实验设计已显示出普遍的实用价值。如完全随机化设计、随机化区组设计、多因素实验设计等已成为科学实验设计的重要依据。此外,实验设计还有许多具体的工艺和技术性问题。巧妙的工艺和技术设计不仅能把科学原理物化于其中,而且可以在最有利的条件之下准确地获取科学事实。

如是医学实验,研究者应高度重视实验的细节安排,诸多工作细节如考虑不周、处理不妥,则可能牵涉学术道德问题。所以,研究过程设计要警惕一个重要的道德决策问题,即"手段"与"目标"背离。研究总要预设目标(期望达到的目的),为实现研究目标,研究者会设计某种程序或采用某些措施、方法,此类以实现目标而采取的行为方式即为手段。医学研究目标指向的是治病救人、造福于人类健康,显然医学目标本身体现了应有的道德内涵、合乎道德准则。不过,为达到某一医学研究目标所采取的具体手段则未必合乎道德,这就形成"手段"与"目标"背离。医学研究所采用的具体手段如不仔细斟酌,就可能违背学术道德准则,引发伦理、道德争议,这是由医学研究对象的特殊性所决定的。因此,研究过程设计应充分考虑该过程的每个环节可能出现的潜在的道德问题,预做合理安排,对道德问题的考虑应贯穿研究设计的全过程。原因在于,医学实验研究的对象的物质载体主要是人体,其中部分人员是已患有疾病或正处于治疗阶段的病人。疾病已给他们带来诸多伤痛,因而此类社会群体理应受到更多的人文关怀。以此类群体为实验对象的医学研究,更应严守不伤害底线,在此基础上,还应给予实验被试以充分的尊重与人格尊严。为此,研究者在医学实验与临床观测中应注意:

一是尊重被试者的选择权。即使是学术研究需要,受试者身心的哪些方面将成为被研究的对象须经协商确定,由受试者自主选择与认可,研究者不得采取强制性胁迫手段,强行干预、剥夺受试者的自主选择权。更不能采用欺骗与诱惑方式,诱使受试者参与。受试者即使同意参与实验,也应允许受试者在自感身心不适或因其他原因而随时退出。

二是尊重被试者的知情权。受试者接受与学术研究相关的医学实验与临床观测前,应被告知研究的基本程序及其对被试可能产生的影响,在未取得受试者在自由意志下的知情同意前,不得对他们进行任何医学实验。例如,在新药物的临床测试中,被试可能会出现各种状况,此时,知情同意显得尤为重要。而对于那些无行为能力、无法自己作出决定的受试者,则须得到其监护人或代理人的书面知情同意。

三是尊重被试者的隐私权。在实验与临床观测中,应充分尊重被试的个人隐私,凡受试者不愿他人干涉的个人私事,或不愿他人侵入与不便侵入的个人领域,研究者应主动回避。受试者不愿公开的实验与测试结果,研究者应采用匿名或严守秘密的方式确保受试者的个人隐私不受侵犯。

可见,在医学实验与临床观测中,研究者不仅应考虑研究工作的需要与研究目标的实现,更应考虑参与研究的被试在身心方面可能产生的正负效应及其言行反应,应尊重被试的个人意愿,使其满意且有所收获,不能将受试者仅看作是被研究的对象,研究者究竟采取何种态度及其所作所为会牵涉一系列严肃的道德问题。部分人体医学研究还须获得"医学伦理委员会"等组织机构的认可方能进行,否则一经查实将受到相应处罚。

(4) 实验计划与准备

为使实验有所遵循,必须制定实验计划,对实验全过程做出统筹规划。一般认为,实验计划在很大程度上会影响研究的进程与成败。详细而切实可行的实验计划会造就一种有条不紊的研究秩序,稳妥地解决实验中行将出现的种种情况,从而大大提高研究效率,促成科学任务的圆满完成。反之,如不做计划或粗糙简略的计划则会因组织不善、考虑不周及突然事件的出现等原因,使研究陷入忙乱之中,甚至造成全部工作的返工,严重地影响研究进程与成败。因此,研究者必须细心制订实验计划,要把进行实验研究所必需的方式、途径和方法通盘确定下来。有人作过这样的比喻:课题是一部著作和书名的主题,实验计划就是详细的纲要和目录;课题是研究的目的,实验计划便是实现目的的实施方案。笔者认为,这种比喻较为确切。在现代科学实验研究中,课题越复杂,实验计划就越重要,计划是保证研究者个人或集体合理地协调和同步研究的必要条件。

为制定一项好的实验计划,应注意:第一,计划要周全、有序。如实验的全过程大体可分为哪几个阶段,每一阶段要解决什么问题,达到什么目的,安排哪些工作,每一阶段大致需要多少时间;采取哪些具体措施去保证各阶段工作的正常进行,以实现预期目标;哪些工作可由个人承担,哪些则必须由同事协作集体攻关,个人进行的工作又如何分配力量和时间,集体合作的工作又如何体现既分工又协作的原则等等。总之,凡是实验研究过程的组织及可能出现的情况,都要做详尽而妥善的安排。计划订得越周密、越详尽,对实验工作的指导意义就越大,计划本身的价值就越高。如计划过简、形同虚设,许多问题事先未做认真思考,实验会困难重重、大费周折。诚然,订计划要坚持量力而行的原则,有经验的研究者往往具有较为准确的估计能力,他们知道即使是一项简单的实验意味着多少工作量,因而能制订出详尽且切实可行的实验计划。而年轻的研究者则因为缺乏实验工作经验或仅听到科学研究中的成功例子,往往会形成一种假象,误认为实验工作易如反掌,计划会订得过于浮夸,这就需要得到年长者的指导与帮助,否则容易跌入空想之中。第二,计划要留有余地。计划要制订得详尽周全,然而这种详尽而周全的计划毕竟是实验过程的逻辑设计,是预期性的方案。而实验研究过程极为复杂,途中必然会碰到许多原先未能预料到的情况。所以，计划只具有相对意义，在执行中必然会做某种修改。既然如此，我们在制订计划时，就应留有余地，不要每一项都订得过细、过死、毫无伸缩性。否则，突然事件的发生将会使我们无法应付。计划制定后，应考虑实验的物质手段（如被试、实验场所、仪器、设备与材料等）的确定与落实。值得一提的是，科学实验所用的"仪器"与"设备"是两个不同的概念。仪器在实验中属非变革性物质手段，是实验中用于观测的工具，利用它们不是去造成实验条件和实验对象的改变。而设备（主要指实验装置）则属于可变革性物质手段，它们能造成某种实验条件和改变研究对象。仪器和设备的准备应包括两层含意：一是利用已有的仪器、设备，此时研究者要善于对它们进行选择、组合与应用。要实现这一目的就要有知识上的准备，尤其对实验内容要有正确理解。另一是根据研究的特殊需要，创制特殊的实验装置。由于实验研究是探索未知领域的活动，如要解决特殊问题，获得具有创造性的成果，仅仅利用已有设备是不够的。因此凡是科学上的有功之臣，其研究业绩的树立往往与他们自觉改进、设计、研制实验装置是分不开的。

此外，还要选择好实验材料，这对研究进程和成败具有深刻影响。然而大多数研究者恐怕并不理会。其实只要分析一下某些成功的研究实例，就能认识到这一点。例如，果蝇为什么会成为研究遗传规律的良好对象，因为果蝇的染色体数量与结构相对简单,特征变化比较纯粹、单一。又如遗忘规律为什么会被艾宾浩斯所发现？因为他选择了能排除个体经验的良好材料——无意义音节。诸如此类的例子在科学史上还有很多。

生命科学与医学实验研究中经常以动物作为实验材料。以动物为实验材料是生命科学与医学研究的特色之一,对科学事业的发展起了重要作用。动物虽远不如人类高贵,但随着社会精神文化发展、人类道德水准的提高,以动物为实验对象的科学研究,已十分强调对动物的人道主义,形成了动物实验中应考虑的三项原则：

其一,保护原则。应严格审查动物实验的必要性,制止没有科学意义和社会价值或不必要的动物实验。应对动物实验的目的、预期利益与可能造成的动物伤害、死亡等状况做综合评估。必要时,动物实验方案须经"实验动物管理委员会"或"动物实验道德委员会"、"实验动物伦理委员会"等组织、机构批准后方能实施。动物实验中,要采取有效措施使实验动物免受不必要的伤害、饥渴、不适、惊恐、折磨、疾病等,更须禁止无意义的滥养、滥用、滥杀实验动物的行为。要优化动物实验方案,以保护实验动物(尤其是濒危动物物种),减少不必要的动物使用数量;在不影响实验结果的科学性、可比性前提下,可采用动物替代原则,即使用低等动物替代高等动物、用非脊椎动物替代脊椎动物、用组织细胞替代整体动物、用分子生物学或人工合成材料与计算机模拟等非动物实验方法替代动物实验。

其二,福利原则。实验动物生存(包括迁运)时,应享有最基本的权利,即享有免受饥渴、生活舒适自由、享有良好的饲养和标准化生活环境。各类实验动物的管理要符合该类实验动物的操作技术规程。

其三,伦理原则。动物实验方法与目的应符合人类的伦理道德标准和国际惯例,即充分考虑动物的利益,善待动物,防止或减少动物的应激、痛苦与伤害,尊重动物生命,制止针对动物的野蛮行为,采取痛苦最小的方法处置动物。

(5)实验的实施

这是研究者按预定的实验方案和工作计划,在一定的理论指导下,操纵仪器、实验装置对实验对象进行观测、研究的实践环节。通过该环节,研究者能获得大量的有关研究对象的观测资料,其中包括计算资料、计量资料、等级资料与描述性资料。

实验实施环节的重要特点是计划性,即按实验目的和计划有条不紊地进行。但同时也应根据研究对象所反映的实际状况,及时修改原有的研究方向与计划,使实验的实际进程始终跟踪着研究对象所暴露的值得研究的现象,一旦发现有希望成功的线索时,应尽可能暂时放下其他工作或有趣问题,集中精力追踪这一线索,这样才可能获得重要的科学发现。

实验过程中,如进展缓慢、困难重重,竭尽全力后仍无法改观时,则可暂时将问题搁置起来。这样做的好处在于,让头脑忘却那些受条件限制的思考,以便从不同角度重新审视问题,找出新的途径、设想。因为研究者原先把问题归纳为实验方案进行探索时,很可能由于选择不当,以致做了无效的错误的归纳。而重新审视原始问题时,有利于选择其他的研究方向,或者把难题分成若干个比较简单的组成部分,分别加以攻克。或者采用别的研究手段和技术方法从其他侧面进行强攻。或将当前问题与成功之例进行对比,以寻找两者的相似点,对问题解决有所启发。总之,当实验研究陷入困境时,能否从新的角度审视问题是至关重要的。当然,如果为解决难题而一再努力之后,仍一筹莫展,这说明当前并不具备解决这一研究课题的主客观条件,因而只得放弃该研究课题,否则顽固执守将浪费时间、精力。不过,在实验过程中也应避免另一种倾向,即一遇到困难就轻易地放下手中难题,去追求新的研究方向。这样会使研究处于盲目、无计划状态,结果会因研究浅薄而一事无成。所以,实验研究一旦展开,就应竭尽全力按计划去完成预定方案,只有碰到确实难以解决的困难或颇有把握的新线索时,才修正原定计划,使研究转到更有希望成功的方向上去。

实验中另一值得注意的是,要对实验细节做详细记录,这是一项基本的却又是重要的规则。记录能使所做的工作和观测到的现象转化为可贵的文字和数据资料,防止遗忘。记录也是促使研究者进行仔细观察的有效方法。当然实验记录必须实事求是,尤其当实验数据与预先设定的理论值有较大偏差时,应冲破先定判断的束缚,做出客观记录,千万不能将不够理想的数据随意改动或做主观筛选,否则在自己的科学生涯中将留下一个致命的弱点,其直接后果会葬送许多重大的科学发现。

实验实施中,最好要定期完成阶段性研究报告,这样既能达到研究工作的及时总结和回顾,又能检验自己的工作成果,把握研究方向。整个实验实施阶段临近完成时,要对实验各阶段所做的记录进行系统整理,回首纵观整个实验过程和细节。此时常会发现自己工作中某些空白点或薄弱环节,以便乘实验还未结束时加以弥补。必要时,对某些尚有疑问的实验结果须以重复实验的形式加以检验。至于实验结果的重复,一般认为在相同的实验条件下,应获得相似的实验结果。这是实验结果是否蕴含客观真理性的重要指标,也是实验结果的价值所在。当然,在生命学科的多数实验中,有时促使实验结果得以重复的种种条件常常难以得到满足。所以在已知因素似乎未变的实验情境下,如实验结果一时不能重复做出,并不一定说明原有实验结果是不可靠的,还要看实验条件是否确实完全相同。如果实验条件准确无误,那值得重视的因素有两个:一是实验操作技术和方法;另一是未被认识的因素。如经仔细核查,操作技术和方法准确无误,且仪器、装置、材料等也无明显差错,那我们不应为实验不可重复而沮丧,因为这种不可重复很可能是由某种偶然因素所造成的。只要我们对偶然因素进行仔细追踪,很可能导致重大的科学发现。

三、科学观察与科学实验中的偶然性现象——机遇

科学观察与科学实验是一种有自觉意图,从一定设想出发,并遵循已有科学原理和逻辑规律进行的有目的有计划的探索活动。因此,每一个训练有素的研究者总要运用自己的知识和才华选择那些自己认为最有希望获得科学发现的现象和过程作为自己进行观察与实验的对象。同时为了实现研究目的,研究者又总要把观察、实验的方案设计得尽量合理、详尽,以便使自己的研究工作有条不紊地进行,使研究沿着预定的轨迹伸展,去实现预定研究目标。然而,事实却往往不尽如人意。在实际研究中,无论哪种详尽的研究方案都不可能十分准确地预见一切可能出现的现象,而总会发现一些未曾预见的现象(事件或机会)。如果在条件允许的情况下,抓住这些偶然性现象加以研究,有时却会得到意想不到的研究成果,这种出乎人们意料之外的发现,通常称为"机遇"。

纵观古今、环视中外,因机遇而促成的科学发现不胜枚举。不过,细加分析便能发现,科学研究中出现的机遇大体上可归纳为两类:完全意外性机遇和部分意外性机遇。

完全意外性机遇是指：观察、实验中发现了与预定目标完全不同的新现象，即原先研究的目标是 A，却意外地发现了 B，进而获得了意外的科学成果。例如，心理学家曾设计了"字母识别"实验，最初的目的是研究"平行加工"和"系列加工"，结果却意外地发现：字词中的字母的正确识别率要高于单个字母和无意义字母组合中的字母。这种现象现称为"字词优势效应"。

部分意外性机遇是指：观察、实验的结果是预期的，但实现这一目标却出于一种偶然的场合、机会或方式。例如，1895年，布洛伊尔（J. Breuer）和弗洛伊德（S. Freud）合作用催眠法去处理歇斯底里病案，不久，他俩发现催眠法的疗效并不持久，患者的症状常会复发。此后，在治疗实践中他们无意中发现了"转移作用"，即患者往往把情欲的目标转向医疗者而对医疗者发生恋爱。正是这种"转移作用"，使布洛伊尔深感困惑，于是他对"精神宣泄法"不再感兴趣。而弗洛伊德却抓住了这偶然的发现，认为"转移作用"也许具有重大的病理学意义，可作为一种杠杆用来治疗精神病患者。最后，经深入探索，"转移作用"终于成为精神分析的一种重要工具。但布洛伊尔却因"转移作用"和催眠术的困难，终于在1895年离开这一工作领域而与弗洛伊德分道扬镳[16]。

---

[16] 杨清：《现代西方心理学主要派别》，辽宁人民出版社，1980年版，第341—342页。

弗洛伊德(Sigmund Freud, 1856—1939)

机遇能引起科学发现,然而机遇的偶然性、意外性特点则使研究者感到神秘莫测,似乎只有幸运儿方能碰到它。其实不然,偶然的机遇中有其必然性,任何机遇的出现都有一定的客观根源与主观根源。

众所周知,任何事物在其发展过程中往往会表现出两种趋势:一是必然性,二是偶然性。必然性是事物发展中合乎规律的确定不移的趋势,它在事物发展过程中居支配地位,决定事物的发展前途和方向。偶然性则是事物发展中并非必定如此的不确定的东西,对一事物发展过程而言,特定的偶然性可以出现也可以不出现,可以这样出现也可以那样出现,所以偶然性不是事物发展过程中居支配地位的趋势,它对一事物的发展只起着加速或延缓的作用,或使之带上这样或那样的特点。可见,必然性和偶然性作为事物发展的两种不同趋势有着明显区别。当然,两者也并非截然分开的。必然的东西是偶然的,没有脱离偶然性的必然性。同样偶然的东西也是必然的,没有脱离必然性的偶然性。必然性要通过大量的偶然性表现出来,而偶然性则以必然性为基础,它的背后隐藏着必然性。必然性通过偶然性为自己开辟道路,偶然性则是必然性的表现形式。必然性和偶然性除了两者相互依赖外,还表现为一定条件下的相互转化。就是说偶然性的东西在一定条件下能转化为必然性的东西,必然性的东西失去了它存在的条件,也可以转化为偶然性的东西。依据必然性和偶然性的这种辩证关系,就不难理解机遇的产生具有一定的客观根源。既然任何事物的发展都同时包含着必然性和偶然性两种发展趋势,那么任何一项科学发现也一定既包含有必然性,同时也包含有偶然性。既然必然性要通过大量的偶然性表现出来,而偶然性的背后隐藏着必然性,那么任何一项科学发现,都会不同程度地遇到机遇,通过机遇就能揭示深藏在现象背后的必然性规律。事实正是如此,任何一项科学发现正是这一规律的具体体现。例如,抑制细菌生长的青霉素被弗莱明在某一次观察中所发觉,并被抓住而导致科学发现,这无疑是一种偶然性。但青霉素能抑制细菌生长这一客观现象在满足一定条件的实验中总会发生的。从这一意义上讲,青霉素迟早会被人们所发现则是必然的。对于机遇,不同的观察者常会采取不同的态度,弗莱明以前的微生物学家发现自己实验中的培养皿被青霉菌污染时,他们并不认为这种现象有什么了不起的价值,相反只是感到困惑与讨厌,结果轻易地放过了这一机遇,失去了一次科学发现的机会,而弗莱明却捕获了这一机遇。可见,机遇尽管具有意外性和偶然性特征,但只要条件适宜,它总会经常露面,因而机遇的出现是一种正常现象,关键在于研究者能否识别和利用它。

机遇的产生除了客观根源外还有研究者自身的主观根源。人的认识过程是曲折复杂的。人对任一研究对象的认识,不可避免地会出现种种主观不符合客观的情况。科学研究的本质特点是探索性,即通过各种途径去认识事物或现象的内在规律。所以科学研究这种认识过程本身就是曲折复杂的,不可能完全循着一条预定的途径达到目的,不可能一下子充分、具体、详尽地认识到被研究对象的全部特点。也就是说不可能十分准确地估计到某一规律能在什么时候,什么场合,以什么方式被发现。因此,研究工作必然会碰到原来所未能预料的种种偶然事件。由于人的主观认识上的原因,机遇的产生也就不足为奇了。对此我们可以说,只要存在主观和客观的矛盾,就难免会出现这样或那样的机遇。

认识机遇产生的主客观根源,对于我们从事科学研究具有重要的现实意义。既然我们对研究对象的认识是曲折的,时常会出现主观不符合客观的情况,获取科学发现既有必然性也有偶然性。那么,我们一方面应该在一定的理论指导下有目的、有计划地展开研究,使自己的研究具有高度的自觉性,这样才能把握研究的正确方向,达到研究目的。另一方面,在执行研究计划的同时,也应充分估计偶然因素的存在,要提高警觉,一旦发现机遇就要仔细加以识别,紧紧抓住不放,并寻根追源,不断探索,去揭示现象背后的原因,争取利用机遇去加速科学发现,为形成科学定律提供条件。

诚然,我们在强调机遇的产生有其一定根源并重视机遇在研究中有一定作用的同时,也必须强调机遇作用的有限性,即不能对机遇的作用寄予过大的期望。如客观地分析机遇在研究中的作用,那么机遇并不是一种独立自在的探索方式。在科学研究中,没有也不可能有纯粹为了取得意外的机遇而进行的观察。机遇只存在于实际的观察之中,而且是作为研究过程的结果出现的。机遇的产生尽管可以作为以后进一步研究探索的出发点,但一项研究工作的展开却不能以该项研究中的机遇为前提。从这个意义上讲,这样或那样的意外发现又取决于有目的有计划的研究。所以,我们不能采取"守株待兔"的态度,即不能消极地等待机遇或将研究工作完全寄托于机遇,因为机遇的出现终究是一种偶然现象。

还值得指出的是,机遇只提供科学发现的线索,而不是科学发现本身。即是说,机遇只是一种有希望成功的线索,对于这种线索,我们要善于抓住,然后追根究底,弄清真相,做出科学解释,才能真正导致科学发现。所以,从获得机遇到研究工作的真正成功,还要经历相当艰苦的研究阶段。如果碰上机遇而停止不前,浅尝辄止,不付出持续而艰苦的努力是不会有重大作为的。

机遇能为我们提供科学发现的线索,为此我们要争取捕获它,从中得益。但机遇并非每人都能随意捕获的,关键在于研究者本人是否具备捕获机遇的种种条件。笔者认为,一个善于捕获机遇的研究者必须具备四个条件:

首先,研究者要有渊博的科学知识。一个知识贫乏、头脑空空的人,往往无法领悟微不足道的偶然现象的意义所在,因而不易捕获机遇。而具有丰富知识经验的研究者、在科学上有造诣的人,能在机遇显露时,及时识别并加以捕获。此外,具有丰富知识的研究者会经常思考许多悬而未解的问题,每一与研究有关的事件和现象都会促使他思考一番。此时如巧遇机遇,那么机遇就可能使他头脑中原来无紧密联系的丰富材料连贯起来,形成某种清晰的概念,并对机遇的价值做出评价。因此,具有渊博知识经验的人更容易理解机遇的重要价值,更善于捕获它们。

其次,研究者要有敏锐的观察力。科学研究中,当一些表面上看来微不足道,似乎对当前的研究工作没有关系的事件突然出现时,大多数研究者常常会采取未经认真考虑就将它们不知不觉地忽视过去的态度。而目光敏锐的科学家却能敏感地抓住这些细小事件(或现象),从中获得异乎寻常的成就。

第三,研究者要有高度的判断力。任何一位目光敏锐的研究者在研究工作中都会遇到许多意外的事件和现象。但如果把这些意外遇到的事件和现象都作为进一步研究的线索并寻根追源是力不能及的。况且其中绝大多数意外事件和现象并不值得进一步探索,而只有其中极少数才会导致科学发现。一个具有高度判断力的科学家才能判定哪些是假象,哪些是真象,避开种种假象的干扰去抓住有希望的线索,追根究底,弄清关系,才能揭示出隐藏在现象背后的规律。

第四,机遇的捕获在一定意义上还取决于研究者是否有丰富的想象力。丰富的想象力能使研究者超越现实材料的束缚，构想出肉眼观察不到的事物如何发生、如何作用的图景，尤其对于事物内在机制的探索更需要借助想象的阶梯去攀登科学高峰。

总而言之，一个科学研究者能否及时捕获机遇，决定于他是否具备种种条件与能力。如果他具备了，就能使自己练就一个"有准备的头脑"，这种人在实际研究工作中虽然仍无法有意制造捉摸不定的机遇，但却能对机遇加以警觉，做好准备，做到善于观察，勤于思考，一俟机遇就抓住它，从中得益。所以法国微生物学家路易斯·巴斯德（Louis Pasteur）认为，在观察领域中，机遇只偏爱那种有准备的头脑。

第三节 整理、处理与分析科研资料

俄国科学家德米特里·伊万诺维奇·门捷列夫（旧译"门德列也夫"）（Dmitri Ivanovich Mendeleev）说过："单是事实的收集，哪怕收集得非常广泛；单是事实的积累，哪怕积累得毫无遗漏，都不能使你获得掌握科学的方法，不能向你提供进一步成功的保证，甚至还不能使你有权按科学这个名词的高级意义来把它叫做科学。"[17]所以，科学研究的真正目的不在于获

---

[17] 费尔斯曼：《门德列也夫周期律在现代科学中的作用》，中国青年出版社，1959年版，第38页。

巴斯德(Louis Pasteur, 1822—1895)

取经验事实,而在于揭示现象间的内在联系,即把握研究对象的本质及其运动规律。为此,科学研究不应停留在对经验材料的收集和积累阶段,而应更深入一步,要对经验事实进行整理、处理与分析,进而为形成科学假说与揭示事物或现象的本质和规律提供条件。

利用经验方法获取的科学事实亦称为"研究资料"。研究资料大体上可分为两种:非数量资料与数量资料。前者以事例为基础,后者以数据为基础;前者以文字叙述为表达方式,后者以图表为表达形式。整理与处理经验事实实质上就是运用理性方法对非数据资料和数据资料进行加工,使其系统化、条理化。

一、研究资料的整理

利用观察、实验等经验方法所获取的研究资料一般具有分散、杂乱的特征,凭借它们无法直接认识研究对象的本质特征及变化规律,因而对科学研究资料加以系统整理是科学研究必不可少的重要环节。

整理研究资料的主要方法有三种,即比较法、归类法与描述统计法。

1. 比较法

将一科学事实与其他科学事实,或一科学事实的某一组成部分与其他组成部分相比较是整理非数量资料的基本方法。通过比较能加深对科学事实的印象,能发现科学事实的明显与隐蔽的特征,能分清科学事实的本质特征与非本质特征,能觉察到科学事实间的相似之处与细微差异,并为科学事实的归类提供依据。

科学事实的比较可采用纵比或横比,具体分为四种:第一,同类科学事实间的比较,这种比较能找出同类科学事实间的共同点与不同点,重点在于找出不同点,以认识它们的差异性特征。第二,异类科学事实间的比较,这种比较能找出不同类的科学事实的相似点与共同点,以认识不同类科学事实间的内在联系。第三,同类科学事实的不同事例间的比较,这种比较能找出同类科学事实中的不同事例间的差异点,以认识个别事例的各自特征。第四,一科学事实自身的比较,这种比较能找出一科学事实的各部分(或各阶段)之间的不同点,以认识该科学事实的各个组成部分的特征,或该科学事实在自身发展的各阶段中的特点与趋向。为正确运用比较方法,应注意两点:(ⅰ)要将科学事实的实质方面进行比较。不要因某些表面上的相同而忽视实质上的差异,也不要因表面上的差异而忽视实质上的相同。只有抓住实质进行比较,才能科学地鉴别科学事实;(ⅱ)要避免把有限比较所得的结论加以绝对化和凝固化,只有对科学事实进行多方面比较,才能获取全面而深刻的认识。

2. 归类法

归类是根据科学事实之间的共同点和差异点将其划归为不同种类的方法。归类作为整理科学事实的方法,其作用在于使大量繁杂的事实材料条理化和系统化,为利用理论思维对事实材料进行加工创造条件。归类形成的系统材料也能为我们提供便利的检索手段,便于我们存入事实材料和取出事实材料。此外,科学事实的分类系统由于反映了事实间的内在联系,因而具有一定程度的科学预见性,能为形成科学假说提供认识上的向导。

为正确归类,必须遵循四条规则:第一,归类划分的各个子项(用来归类的基本单位叫子项)应互不相容,即各个子项之间都具全异关系,如某一科学事实既属这一子项,又属另一子项,便会引起混乱,这就犯了所谓"子项相容"错误。第二,各子项之和必须穷尽母项,即各子项之和等于母项,否则必有一些属于母项的科学事实被遗漏,这种错误叫"子项不穷尽"。第三,归类必须按同一划分标准,其优点在于:能使各个子项不相容;明确各子项之间的关系和异同。有时可把一个母项划分为几个子项,又把各个子项划分为更小的子项,即所谓连续划分。连续划分中,每次划分须按同一标准,而各次划分的标准可各不相同。第四,归类须按一定层次逐级进行,否则会出现越级划分的逻辑错误。遵守了这四条规则,就能把属于母项的任一科学事实划分到一个子项中,使各个子项之间的关系非常明确。

3. 描述统计法

由于数量资料本质上是对科学事实的一种精确的量化反映，所含的信息丰富，因此研究者都十分重视数量资料的整理与利用。描述统计是整理数量资料的有效方法。通过对数量资料的描述统计能使从样本研究中所获的原始数据得到系统整理，便于研究者从统计结果中了解到总体现象的分布与特征，为揭示总体的发展规律提供条件。

描述统计法是以各种统计量去描述数据。例如，用整列、编制次数分配表等方法对数据资料进行整理，就能看清数据特征，便于进行统计分析；用所求得的算术平均数、几何平均数、调和平均数、中位数、众数等来考察所有数值的集中趋势，就能描述研究对象的一般水平及与同质的另一研究对象做比较；用所求得的全距、平均差、标准差等就能了解数值的分布情况与差异程度等。

原始数据还常用统计方法加以整理制成不同形式的统计表或统计图。由于图表能更为直观、形象地表达科学事实的数量特征，便于进一步分析、综合、比较，深入地揭示科学事实间的联系及变化发展规律，因此在科学研究中运用极为广泛。

为整理科学研究资料，除了可采用比较、归类和描述统计法之外，有人认为还可采用归纳、演绎、类比、抽象和数学模型方法等。对此，笔者却持否定态度。笔者认为，所谓原始事实材料的整理,所涉及的仅是使事实材料得以系统化、条理化的思维操作,而不应包括对事实材料进行"加工"、"提炼"的思维制作工夫。从这一前提出发,比较、归类与描述统计才是真正意义上的整理方法。经这类方法的运用,科学事实材料在整理前后其信息总量并无明显变化,仅由杂乱无章形变为有序系列(系统)。而归纳、演绎、类比、抽象等主要用于对事实材料的"加工",经这类方法的思维操作,能将事实材料所反映的科学原则(原理)得以延伸与拓展、推导出新的原则(原理),从而增加了原材料的信息总量。正因为如此,笔者认为归纳、演绎、类比等方法在科学方法论体系中应属于"加工"材料、提出"假说"的方法。据此,笔者将这类方法归于下一章阐述。

二、研究资料的处理

处理研究资料就是用理性方法对数量资料(包括各种观测数据)做适当的修正与填补,使数量资料能更为全面、客观地反映研究对象的特征及其运动规律。处理数量资料的最常用的方法是内插法与外推法。

1. 内插法

内插法是在一系列已知结论或数据之间,寻找论据或相关因素,修正或填补某些结论或数据,以使结论或数据在总体上能更为全面、合理地反映科学事实的方法。

某些数据资料经整理后,之所以要用内插法来加以处理,其理由在于:不管我们的观察有多细致,操作有多严谨,实验设计有多精巧,仪器有多精密,由于各种主客观因素的影响,不可避免地会存在观察或测量上的误差,即我们获取的"经验事实"与"客观事实"之间总有某种出入。为此,必须对经验事实中出现的系统误差和偶然性误差做适当处理,即用理性方法来修正这种误差。当然,经修正后的"经验事实"本质上已不同于原始形式的"经验事实",而是运用理性方法由"经验事实"所得到的一种推论。但这种推论并没有使我们远离客观实际,相反更加接近于客观实际。例如,许多科学现象的研究,都要求将所获的原始数据制作成一条能反映出自变量与因变量之间函数关系的曲线,而任何函数曲线事实上都经过不同程度的修正。因为,观察、实验中实际测量所获的数据都以点的形式记录在坐标上,但这些点并不都在一条线上,如果"忠实"地把这些测点连接起来,那么这种无规则的曲曲折折的线将什么规律性也不能反映,况且每个实测点都可能存在误差。因此,必须用理性方法对坐标上某些测点做适当修正,将它们从偏离位内插到趋势线中。经这种处理所得的函数曲线更加接近于对客体的正确反映。所以,用理性方法对原始数据进行修正,不是违反了客观性原则,而是坚持了客观性原则。例如,一条遗忘曲线,如要使其真实地反映时间间隔与保持量之间的对应关系,必须将测量时距缩小到很小(如以分钟为间隔),

但这样一来研究者势必要进行无限多次的观测,而从理论上与实践上看,这种观测既无必要又无可能。因为规律是事实间稳定的必然联系,所以只要通过有效且有限次数的观测,并寻找到现有数值间的相关因素,便能利用内插法适当填补数据之间的空白,勾画出能反映遗忘发展的基本趋势。

诚然,修正经验事实与填补数据间的空白并不能随心所欲、凭借主观臆测或武断,而应持客观公正的科学态度,以现有事实(数据)间客观存在的关系以及统计趋势为依据,对经验事实做有限的修正,达到"去伪存真"的目的,使事实间客观存在的联系以更为准确、明了的形式表示出来。

2. 外推法

科学研究中,有时受观察次数的限制,所获取的数据按时序做出的函数曲线会显得过短,无法显示研究对象在函数曲线之外某一时刻的变化特征。这时,就需要利用外推法,即以该曲线为基础,在其趋势指明的方向上由此及彼地将观察、实验的结果由内向外推延,在其延长线上去寻找研究对象在某一时刻的特征状态,这是对数据进行有限修补的方法之一。

依据现有的函数曲线对研究对象的变化特征做趋势外推,关键在于要十分精确地揭示研究对象的变化规律,即搞清楚研究对象在特征上的线性趋势,以这种指明的趋势为生长点做延伸性外推,才能正确地确定研究对象在原趋势之外某一位点上的特征状态。相反,如数据反映的变化趋势不明,则不能贸然使用外推法。当然,如时间序列中大多数数据呈线性趋势,只有个别数据表现出突升突降,则可把它们剔除后再使用线性趋势外推法。

运用外推法应注意:(ⅰ)如果掌握的数据材料不全,分析不深入,容易抓住一种模式误认为是趋势性变化的反映,由此做出的趋势外推容易出现失误;(ⅱ)外推法只适用于变化趋势明确的短时距延伸,而不适合于函数变化复杂或长时距延伸。如果外推法所用的时间间隔过长,很可能得不到可靠的延伸结果。当然,不同的研究对象以现有的变化趋势做外推延伸,其正确性程度是不同的。这取决于研究对象的敏感程度。那些易受主客观因素干扰的现象时刻在改变自身的运动形式,这种对象的趋势延伸不能过长。相反,那些较为稳定的现象其变化趋势的延伸可适当长些。

客观地说,由"经验事实"外推所获的推论,只有在保证观测的客观性和理性分析绝对正确的前提下才能与事实相一致,但要做到这一点是很困难的。因而,作为推论常常是一种尚成疑问的"事实"。据此,当研究进入后一阶段,即对经验事实及推论做理论解释并提出科学假说时,应十分小心谨慎。

三、研究资料的分析

研究资料除了需加以整理与有限修补外,某些数量资料还应做各种统计分析。现代科学中,常用的统计分析方法有相关分析、回归分析和方差分析。

数据尽管是现象的特征及现象间关系的量化形式,然而数据在未经统计分析之前是无法说明问题的,即无法反映变量之间的关系。因此为了描述变量之间关系的测度,需要对数据进行相关分析。不过,变量的性质不同,所用的分析方法也各有差异。如要分析两个变量或两组等级数之间的相关性,需依据其不同性质,分别采用"Pearson 相关系数"、"点双列相关系数"、"ϕ 系数"或"等级相关系数"等。如果分析多个变量的相互关系可运用偏相关方法。如要分析几个变量的联合效应与某一变量之间的相关性,可用复相关方法。如既要反映两个变量之间的相关程度,又要说明相互关系的性质时,则要用"决定性系数",因决定性系数决定了两个变量共同变异量的百分数。

相关分析能揭示变量之间的关系,但却无法区分变量。如要区分变量(自变量与因变量),则应运用回归分析。回归分析特别适合于解释和预测因变量特征,目前它在科学研究中应用得十分广泛。

方差分析特别适用于因子配置实验的统计分析。由于影响现象的因素十分复杂,诸因素之间又互相制约与依存,因此许多实验采用多因素、多水平的设计方案,并在不同条件下搜集各组数据。为了从庞杂的实验数据中分辨出哪些因素是主要的,以及因素之间有无交互作用,这就需要借助于方差分析法。目前,方差分析已成为分析实验数据的重要方法之一。

此外,为了满足科学研究数据分析的需要,现代科学已引进了专门用于分析复杂数据的统计技术——多元分析方法。目前,常用的多元分析法有:多元回归分析(用于评估和分析单个因变量与多个自变量之间的线性关系)、多元判别函数分析(依据各种变量来预测组合效应)、协方差分析(用于检验几个自变量的主效应和交互作用,并比较单一自变量的多种水平)、典型相关分析(用于了解两个或多个因变量与多个自变量之间的线性关系)、因素分析(用于从众多变量的交互相关中发现起决定作用的基本因素)、聚类分析(用于把诸多变量分成群类,发现其亲疏关系)。这些多元分析法的具体运算程序及注意事项等在统计学书籍中均有详细介绍,这里不赘述。至于多元分析中,如何选用适当的分析方法,则取决于研究的目的、要求和数据的特点。由于运用多元分析法比单变量分析更为复杂、困难,要求研究者必须具有更多的数学知识、更强的理论思维能力和长时间处理数据资料的决心与毅力。

值得一提的是,随着计算机科学的迅猛发展,电子计算机在科学数据分析中发挥的作用已越来越大,尤其是各类统计软件包的开发与运用,使科学研究数据的分析和检验变得既快又准。目前,科学研究中最常用的统计软件包有 SPSS (statistical package for the social sciences)、SAS(statistical analysis system)和 BMDP(biomedical programs)等。各种统计软件包及其不同版本都有不同的操作程序,研究者在选择统计软件包时,应明确研究目的和统计分析要求。各种统计软件包还有各自的使用和操作手册,在使用前必须认真阅读,掌握操作要领,熟记注意事项。

使用统计软件包时,通常采用联机运算(即用户给计算机的指令立即被执行并随即给予新的指令),但如统计任务十分复杂,计算机加工负荷较大时,则应采用整批处理(即所有数据打入穿孔卡系统,成批加工,不做随即反馈)。只有了解和掌握了各种统计软件包的版本、特点和操作程序,才能使它们更好地为科学研究服务。

研究者在整理、处理与分析研究资料时,应以客观、公正、不带任何偏见的态度面对具体事例、数据资料及其分析结果。即使某些分析结果与预期设想相差甚远,或与期望获得的研究结果完全不符,研究者仍应理性思考,探索异常现象的成因,而不能受渴望成功的强烈愿望所驱动,对现有事例与数据资料做随意改动与修正,更不能做人为筛选或编造部分与预期设想相一致的假数据。这种篡改与作假行为不仅违背学术道德规范,而且无法获得具有科学意义的研究成果,只能是浪费时间与精力。当然,对于那些尚存质疑的数据资料及分析结果,必要时可利用后继的实验、观测加以检验,确认其可信度。

第四节 提出科学假说

科学研究资料经整理、处理与分析后,对其结果须做出理论解释,作为理论解释的主要形式就是"科学假说"。科学假说(或假设)是对现象及其本质、规律或原因的一种推测性的说明方式。原则上,科学研究中需要经受检验的陈述都可谓之"科学假说"。

一、科学假说的基本特征及其在科学研究中的地位与作用

科学假说的特征之一是推测性,该特征是由两方面原因所决定的。一方面,科学假说的提出要受到科学发展的实际水平与研究者本人认识水平的限制,这种限制决定了研究者所获取的有关现象的事实材料在丰富程度上是相对的,既然如此,那么当事实材料还不足以完全揭示现象的内在奥秘时,研究者对现象的内在规律性只能给予猜测性说明。这种情况就好像我们对某一件事只有五六分把握时,只能做出大概的估计一样。另一方面,科学假说是在经验材料基础上,通过思维加工、提炼而形成,也就是说,科学假说是一种理性思维的产物(一种思想产品),而一切思想观念必须经过实践检验才能确定其正确与否。因此,科学假说在没有接受实践检验之前,无论它赖以形成的依据如何充分、可靠,但就其正确性程度而言是不得而知的。既然如此,那么科学假说中包含有推

测性成分也就不可避免了。

尽管科学假说具有假定和推测性质,但它在科学研究中却有存在的客观依据。因为,科学研究不能停留在搜集事实材料和对现象的外部描述阶段,而要深入揭示现象的内在规律。要把握规律必须通过理论思维,但思维在把握规律时,只能从个别认识一般,从有限认识无限,从暂时认识永久,这就需要借助于推论与猜测,对现象的内在机制先形成一种试探性的说明方式——科学假说。然后对其进行检验,才能逐步实现对现象的规律性认识。此外,任何现象和过程的本质与规律并不会一下子和盘托出于研究者面前,而是有一个逐步显现和展开的过程。当人们在研究中还没有取得足以揭示研究对象的内在本质、内在规律所具备的全部必要材料时,或者当研究者还难以采取精确的研究手段对某种科学结论的可靠性进行检验时,往往不得不依靠思维与想象去推测现象的本质,也就是说不得不采用科学假说的形式。尤其在现代科学前沿,即探索性较强的领域(如对事物或现象的内在过程与机制的探索),由于内在机理极为复杂,仅靠为数不多的控制参量的观测和量度,往往不能做出十分肯定的结论,而只能是假说。借助于科学假说,研究者通过不断地积累科学材料,增加假说中的科学性内容,减少假定性成分,逐渐建立起正确反映研究对象内在规律的理论学说(科学定律),这就是科学研究的实际道路。由此可见,科学假说是从感性的事实材料到达科学理论学说的中间环节和必要桥梁。在现代科学中,一切被实践证明为相对正确、合理的理论学说,在其诞生前的某一历史阶段,都曾以假说的面貌出现过。从这一意义上讲,没有科学假说的提出,也就没有科学理论学说的创立。所以,从科学经验事实到科学理论学说并没有径直的逻辑通道,任何科学结论的提出都不过是一种尝试性的推测或猜测,以解决研究所面临的问题。科学正是通过不断试错与推测而缓慢地向前发展的。为此,美国心理学家沃尔夫冈·柯勒(Wolfgang Kohler)曾给"假说"以高度评价,他说:"有成效的方法都包含有一种大胆的假说。这种假说和充分的观察一样都是有成效的方法所不可缺少的必要的组成部分:物理学的成长就是从一种假说到另一种假说的连续不断的动荡。……对于那些了解物理学的历史又想在心理学方面明智地来效法它的人来说,发现有关行为的隐秘部分的创造性假说的工作是压倒一切的最重要的工作。"[18]

科学假说的特征之二是科学性。科学假说虽然是对现象的试探性的说明方式,但它决不是随心所欲的臆测和幻想。臆测和幻想可以不凭事实、不依据逻辑、不管其内容是否具有科学性,而科学假说在其形成过程中,尽管可能包含有种种非理性因素(如想象、灵感、顿悟)的作用,甚至还受到某种不受

---

[18] W. Kohler: Gestalt psychology, N. Y. 1929. p54.

主体控制的"下意识状态"下漫无目的的"无向思维"的启发，但就其主要方面而言，却始终是一种现实的思维。它要求研究者以一定的经验事实材料为基础，围绕科学问题进行苦心思索，逻辑、证据和现实的约束始终在其中起主导作用。一种好的科学假说应出于简单而归于深奥，能为解释广泛的现象提供一种逻辑上简单的说明方式。这种说明方式应当比它所要取代的旧理论学说具有更大的优越性与科学性成分。因此，科学性是科学假说的本质特征之一。

科学假说的科学性特征对于科学研究具有重要的现实意义。它是研究者从事研究的指导性思想，也是推动科学研究深入发展的强大动力。众所周知，按科学研究的一般顺序，应是先进行观察、实验等，在获取丰富的科学事实的基础上，再利用思维方法对事实材料进行整理与加工后提出科学假说。但科学研究的实际进程却非常复杂。各个研究阶段之间不会区分得如此明显，各个环节往往是交叉的。当研究者围绕研究课题搜集了一定数量的科学研究资料，并对这些资料进行分析、研究后，就已经形成了对研究结果的某种初步猜想，这种猜想在一定意义上就是科学假说。所以，作为研究后继阶段的实践环节——观察与实验等总是在一定的思想原则指导下，遵循着一种假定性的设想去有目的有选择地搜集科学事实材料，并指引研究深入地进行。如果观察和实验中不以一定的假说作为理性因素，那么观察和实验将会成为盲目的活动,这样获取的科学经验事实只能是肤浅与混沌的。

一般说来,科学假说对观察与实验的指导作用表现为两种形式。一种是研究者以一定的科学原理为基础,分析、研究科学资料后,提出科学假说,以此指导本人的观察、实验。另一种是一个研究者提出的假说被其他研究者接受,成为他人从事观察、实验的指导思想。前一种形式是经常的大量的,后一种形式在科学史上也有不少事例。例如,19世纪德国解剖学家弗朗兹·约瑟夫·加尔(Franz Joseph Gall)根据对疯人的观察,提出了"颅相学",认为各种心理官能在大脑占有不同的部位,而且特殊官能或机能的部分正位于头部的相应隆起部位。由于该假说出于主观臆测,因而在此后的一个世纪中,其基本命题从未被科学所证实,显然该假说是错误的。然而,这一错误的假说却在历史上起了一定的积极作用。首先,该假说承认脑是心灵的器官,促使人们去注意心脑相关问题。其次,该假说首次提出了脑机能的定位问题,激发了研究者研究大脑机能定位的兴趣,以鉴别颅相学的真伪。事实上,此后法国神经生理学家皮埃尔·弗卢龙(Pierre Flourens)提出的"大脑统一机能说"以及有关脑机能定位的研究成果都是在这一背景下产生的。又例如,赖歇尔(G.M. Reicher 1969)在研究"平行加工"和"系列加工"的实验中发现了"字词优势效应",此后不少研究者(Wheeler 1970; Simth 和 Hariland 1972; Johenstan 和 Clelland 1974;等等)都证实了这一效应的客观存在。此后,惠勒(F. Wheeler)为从理论上说明"字词优势效应",曾提出了五种假说:干涉假说、预加工假说、聚焦假说、反应倾向假说与字词频率假说,并以系列实验逐一对假说实施检验,结果却将五种假说一一证伪。尽管如此,为检验这些假说进行的实验却是非常有益的。其中关于预加工假说和字词频率假说的实验设计之精细给人深刻印象,为从理论上解释"字词优势效应"提供了借鉴,推动了新思路的开拓。所以,即使是错误假说的暂时存在也并非无任何意义,证明"此路不通"才便于再寻找新路。被筛选掉的假说越多,出现有价值的假说的可能性就越大。正如俄国著名科学家季米里亚捷夫(К. А. Тимрязев)所说:在假说被推翻的情况下,剩下需要说明的东西就要少得多,数量上就受到限制,因而能使我们接近唯一的中心——真理的圈子就缩小了。

推动科学研究深入与发展的另一强劲动力是前后科学假说间的更新与修正。"模式识别"的研究进程恐怕能说明假说间的更替对科学研究的推动作用。关于"模式识别"的内在机制,最初提出的是"模板假说"。该假说认为,"模式识别"就是把输入的刺激与记忆中存贮的模板相配才能做出决定。从该假说出发,刺激物只要在大小、形态上稍有不同就需有一个相应的模板与之相配。为此,记忆需要储存无限数量的模板,这将会超出一个人长时记忆的能力,因此"模板假说"过于朴素和简单化,其理论基础不太合适。为解决"模板假说"过于特殊化而缺少普遍性的问题，便出现了"原型假说"。该假说认为，存储在长时记忆中的东西不是"模板"而是"原型"，"原型"与输入刺激之间不是一对一的关系，因而属于同一范畴的不同刺激物之间虽然有形状或大小等方面的差异，但它们都能与相应的同一范畴原型相匹配，这样在一定程度上解释了长时记忆编码的普遍性特征，显然"原型假说"是对"模板假说"的一种修正与发展。尽管如此，"原型假说"仍以"形-形"匹配为前提，因而人的识别系统需要存储和处理的东西仍相当之多。为了克服这一不足，又出现了"特征假说"，该假说认为各种刺激在长时记忆中的编码是"特征表"，只要将刺激与"特征表"进行比较，如获得最佳的匹配，该刺激就能被识别。这种匹配大大减少了识别系统需要加以存储和处理的东西，因而相对"模板假说"与"原型假说"而言，"特征假说"更具合理性。但"特征假说"在解释"模式识别"时也碰到了困难，如两个特征较相似的模式怎样给予正确识别，似乎难以解决。由此推论，更为合理的"假说"必将在不远的将来替代"特征假说"。可见，人类对"模式识别"问题的研究史，实质上是"假说"间的更新史。每一种"假说"都试图更接近真理，但随之却被摒弃让位于能够解释更多事实的新"假说"。每一种"假说"既是前继研究的归结，又是后继研究的起点与动力。人类对"模式识别"的认识正是在以往"假说"间的更新中一步步向前发展的。

同一历史时期中，不同假说间的对峙更能促进科学研究的深入与发展。由于不同的研究者在思维能力、思维方法、所掌握的事实材料和研究角度上的不同,往往对同一研究对象会提出不同的假说,甚至形成相互对峙、彼此争论和斗争的格局。其实,不同假说间的对峙与争论并非坏事,它对促进科学研究的深入与发展具有重要作用。因为争论中,每一方都力图以更多更可靠的事实来尽快证明自己观点的正确性和科学性,以便说服或驳倒对方,这样必定会促进研究活动的竞相展开,将研究引向深入。例如,双语者可通过两种语言获得信息,那么来自两个语言通道的信息有统一的意义表征且贮存于一个共同的系统中,还是有不同的意义表征,分别进行贮存?为此提出了两种彼此对立的假说:"共同贮存说"与"单独贮存说"。近七十年来,两种假说的支持者各自从有利于自己假说的立场出发,在各自的实验中采用了不同的作业,结果两者都获得了不少实验证据,致使两者至今仍处于势均力敌的对立状态。尽管如此,与七十年前相比,有关双语者语言信息的表征及贮存问题的研究,在其深度与广度上已大大扩展了。

二、形成科学假说的具体步骤

如对为数众多的科学假说的形成过程加以剖析与概括,便能发现,形成一种科学假说大体要经过以下三个步骤。

首先,要善于寻找已有理论学说与现有事实之间的"失谐点",这是能否形成具有科学性假说的关键性一步。因为,一切科学假说都源于理论学说与现有事实的矛盾之中。如果现有的理论学说与所有科学事实完全融洽和谐，即所有科学事实都能以已有理论学说给予圆满解释，而已有的理论学说也都得到所有科学事实的验证，那么科学研究就不用再去建立任何科学假说了。而事实上，现有科学理论学说与事实之间要达到这种完美的和谐是不可能的。任何一种经过实践检验而建立的科学理论学说，尽管能准确、广泛地说明科学事实，但理论学说对现象的说明或解释不可能绝对无误或纯真，不可能达到"终极真理"的境地。这是因为，作为检验科学理论学说的研究实践，在特定历史条件下只能达到一定水平；特定时代的科学家的认识水平也只能达到一定高度；用以检验该理论学说的技术手段（测量技术、实验仪器等）在特定时代中同样只能达到一定精度。因此，由于受历史条件的限制，不可能对科学理论学说的各个方面都做出确定性检验，许多方面有待将来随着研究实践与认识水平的进一步深化而逐渐得到评判。从这一意义上讲，已有理论学说与新事实间的矛盾终究是会发生的，这种矛盾逐渐发展为明显的"失谐点"也是一种必然性趋势。当然要从已有理论学说和现有事实之间找出这种失谐关系并不容易，它要求研究者有丰富的知识、敏锐的洞察力与善于分析的能力。尤其分析力对于从已有理论学说和现有事实之间找出这种失谐关系极为重要。任何人要认识事物，必须首先凭借观察，但观察在认识中有很大局限性。利用观察只能对事物有所了解,所获得的只是事物的表面现象,而无法掌握深藏其内部的本质。尤其对于较复杂的事物,由于现象纷繁、错综复杂,仅凭借观察往往使人如坠云里雾中,根本无法认清事物的特性与本质。这时必须凭借分析力对其进行分析,才能拨开"迷雾",看清其本质。所以,分析力是认识事物本质特征的"钥匙"。要正确、深入地分析就要学会辩证思维的方式,辩证思维是进行正确分析的指导思想。客观事物本身是辩证地发生、发展的,以事物的本来面目作为出发点和基础,辩证地对事物进行思考、分析,才能客观地、全面地、活生生地反映事物的本来面目。反之,如不以辩证思维为指导,对事物不进行辩证地分析,就可能从局部出发,看不到全局;就可能将事物简单化,看不到事物间的复杂联系;就可能只看到事物的现状,而忽视事物的运动、变化;就可能抓住一点,做出绝对肯定或否定的结论,等等。这样分析问题是不可能正确地认识事物的,所以学会辩证思维是十分必要的。至于怎样才能获得辩证思维能力?一般认为可通过两条途径:一是通过长期的自身的实践活动。事物是辩证地发生、发展的,个体如接触的事物多了,处理的问题多了,经过对经验、教训的总结,便能使自己逐渐领悟到事物发生、发展的辩证性质,从而促使自己对事物的看法越来越接近事物本身,处理事务就会更客观、全面,久而久之,自己在实践中就会自然而然地学到许多辩证思维的基本方式。通过自身的实践活动从中自然而然地掌握的辩证思维,叫自发或素朴的辩证思维。不过,掌握这种辩证思维所花费的时间较长,且具有不系统、不全面、不彻底的特征。这种思维往往会使人在此时此地能进行辩证思维,而在彼时彼地又不能辩证思维;在简单的问题上能进行辩证思维,在复杂问题上又不能进行辩证思维。这样,就会影响自已对事物的分析质量,限制自已的分析能力。所以,在实践中自发地学习、掌握辩证思维是一条不经济不理想的途径。另一条是自觉地、系统地学习辩证唯物主义。掌握了辩证唯物主义也就掌握了辩证思维的基本方式,看问题就会比较全面,善于从事物的原因与结果、正面与反面、主要与次要、眼前与长远等方面辩证地思考、分析问题,对事物的理解就比较透彻、全面,容易找到问题的关键,容易抓住事物的本质,也就容易正确地处理自己所面临的各类问题,所以这是提高自己分析力的既经济又理想的途径。除了分析力之外,要从已有理论学说和现有事实之间发现失谐关系更需有怀疑精神,面对科学文献资料与自己由观察、实验所获的科学事实不一致时,决不为传统理论学说所束缚,不轻易相信证据不足的理论学说。为了发现某一理论学说与事实之间的"失谐点",在某些方面要比理论学说的创立者考虑得更多、更深、更细。就是说,只有超出了理论创立者的见解才有可能发现这种"失谐点"。

其次,科学假说的提出是为了改善现有科学事实与已有

摩尔根(Thomas Hunt Morgan, 1866—1945)

科学理论间的失谐状态,所以发现理论与事实的矛盾之后,必须在充分尊重已有理论学说和事实的基础上,构思出某种推测性设想,以便使事实与已有理论学说谐调起来。例如,1910年,美国遗传学家托马斯·亨特·摩尔根(Thomas Hunt Morgan)和其同事在研究果蝇的眼睛颜色、翅膀大小和性别等遗传性状时,发现其并不遵循孟德尔揭示的"自由分配定律"。于是,他们推测控制这些性状的遗传因子可能位于同一条染色体上非常临近的位置,导致几种性状同时遗传。总在一起遗传的基因称为"连锁基因",一系列连锁基因组成一个连锁群。在形成配子过程中,如果两个基因之间的连锁在某一位点被偶然打断,一种新的基因组合就产生了,该现象就是"重组"。摩尔根假定,如果两个基因连锁得越紧密,使两者分离而重组的可能往往是很难发生的。那么,摩尔根的这一推测性设想是否正确?如果是正确的就能很好地解释果蝇的某些遗传性状的连锁与交换现象,并与已有的"自由分配定律"相谐调。此后的事实证明,摩尔根的推测性设想是基本正确的,由此形成了"连锁律"与"交换律"。当然,为形成假说所提出的尝试性设想往往不是单一的,可能有几种供选择的假定。如果这样的话,研究者就必须对它们加以判明,从中选择一种看来最合理、最可能成立的假设。完成这一过程需要研究者发挥创造性思维的能动作用,进行科学想象。

最后,提出推测性设想之后,还要以这个设想为线索,尽可能运用已有事实做论证和补充,使它较为完整和严谨,并从假说的基本命题出发做出某种预见,去预言未知的科学事实。

一般说来,一个完成阶段的科学假说应由两部分组成:一是假说的核心部分,它是为解决已有理论学说与新事实的"失谐"而猜想出来的基本观点。二是假说的预见部分,它是以被设想的基本观点去解释已知的科学事实或预测未知的科学事实。

一个具有科学性、合理性且有发展潜力的科学假说一般应有四个特征:(ⅰ)新假说的实质内容应与现有理论学说中的正确成分相一致。已有理论学说中的正确成分来自研究实践又经研究实践的反复检验,具有一定的客观真理性,它包含着即使到将来也不会被完全推翻的绝对成分。因此,作为已有理论学说发展形式的新假说所含有的实质内容应是对已有理论学说中真理成分的继承与发展,或者说新假说应能把已有理论学说中的正确内容作为一个特例包含在其中;(ⅱ)新假说必须能合理地说明和解释已有理论学说未能涉及的事实和现象;(ⅲ)新假说的表述形式应比已有理论学说更概括更精练。就是说,提出新假说时应遵循简单性原则。该原则的基本要求是用尽可能少的初始假定而又尽可能好地符合研究对象;(ⅳ)新假说的实质内容应能被验证,以判别其正确与否,或者被证实而发展为新的理论学说,或者被证伪而推翻、摒弃。一般说来,无法判别其正确与否的新假说,对科学研究实践并无实际指导意义,对科学发展也无推进作用,因而这种假说是不可取的。如精神分析派心理学所提出的"最后的精神内部的检查员"、"超自我"、"伊德"等假说具有神奇与玄妙的特征,无法用观察、实验加以证实或证伪,这类假说就是不可取的。诚然,不同的科学假说所包含的实质内容是不同的。某些假说所推测的某些结论或提出的某种预言,因受到现有研究条件和研究者认识能力的限制,在现阶段往往很难加以检验。但如果假说的实质内容与现有理论学说中的合理部分相一致,并根植于客观事实之中,就可以预料,随着科学的发展和研究者认识能力的提高,迟早会做出明确判定。例如,19世纪 40 年代,德国生理学家约翰内斯·彼得·缪勒(Johannes Peter Müller)提出了感觉器官的"神经特殊能说",认为各种感觉神经具有自己特殊的能,它们在性质上是相互区别的,每种感觉神经只能产生一种感觉,而不能产生另外的感觉。由于受当时生理心理学发展水平限制,该假说曾受到一些人的质疑,认为该假说缺乏可靠依据且不易证明。而当时的心理学学说也普遍认为,各个感官的神经性质应当一致,不应表现为各种不同性质的能。然而,事隔一个世纪后,随着现代感官心理学的兴起与发展,大量事实表明,即使在同一感觉器官内,许多不同的神经组织和细胞也会表现出一定的"专化"现象。视觉心理学研究中已发现了许多能察觉图形特征的检测器,由此以事实初步证实了有关感觉器官的"神经特殊能说"。

第五节　形成科学定律

科学假说能提出异乎寻常的结论,但这些结论是否正确,必须经受检验。马克思主义认为,人的思维是否具有客观真理性,这不是一个理论性问题,而是一个实践问题。人应该在实践中证明自己思维的真理性。如果一种科学假说推出的结论能被科学实践所反复证实,说明这种科学假说具有一定的客观真理性,就能逐步转化为科学定律。所以,科学定律诞生于科学假说的验证过程之中。

一、科学假说的验证及其转化为科学定律的方式

要确定以判断形式表达出来的科学假说的真理性程度,已超出了逻辑关系的界限,而进入认识论的范围。所以,就科学假说的验证手段而言,最后的判决者是实践——观察、实验等,而不是逻辑。科学假说需要检验的另一重要理由是,科学假说赖以形成的"观察事实"本身也须加以检验。因为观察获取的仅是"经验事实",于是在研究者面前就尖锐地摆着一个"经验事实"是否可靠的问题,且依据什么来检验"经验事实"的可靠性或正确性。要解决此类问题,只能以实验的可重复性作为检验"经验事实"可靠性的标准,即当满足了所给出的同样条件后,能获得同样的经验事实,就认为该"经验事实"具

有一定的客观性、可靠性。

如科学假说所反映的实质内容不必创造特殊条件,不必对研究对象进行人为控制和干预就能加以检验的,则可以通过观察途径并根据观察中获得的事实材料、数据去判定科学假说的正确与否;但如科学假说所反映的实质内容必须借助于特殊仪器、设备,创造特定条件才能加以检验的,则须设计特殊实验,并依据实验所获的事实去判定假说。由于现代科学在一定意义上是实验科学,所以大多数科学假说须借助实验来检验,尤其为探索深层的内在机制而提出的有关科学假说必须借助于实验才能给予判定。如果德国生理学家赫尔姆霍茨(H. v. Helmholtz)不以自己创制的肌肉收缩测量器对蛙的运动神经传导速度进行实验性测试,显然有关"神经冲动传导速度接近光速的假说"是无法给予证伪的。同样,如果德国心理学家马克斯·韦特海默不借助于实验,也就无法否定运动知觉研究中业已存在的三种假说:"眼球运动说"、"后像混合说"与"感觉元素综合说"。

为了能科学地概括出验证科学假说的一般程式,有必要先剖析一个范例——斯腾伯格(S. Sternberg)的"记忆扫描实验"。

"平行扫描说"、"串行自行终止说"与"串行穷尽搜索说"是为说明短时记忆中的检索机制而形成的三种假说。1969年,斯腾伯格为检验三种假说中何者更符合于客观实际,他分别从三种假说的基本命题出发,推出一系列与此相关的可供观测的预见:其一,假如被试在短时记忆中进行的检索比较是平行的,即被试能在同一个时间里把测试刺激与短时记忆中的各个项目同时比较,那么可以预见,记忆项目数量的增加或减少,即记忆集的大小对被试的"反应时"不会产生任何影响。反之,假如检索比较是"串行"的扫描,即被试在某一时间里只检查或比较记忆集中的一个项目,那么记忆集中加上一个项目,就将增加完成扫描过程所需的时间,这样可以预见,随着记忆集的增加,"反应时"也将随之而增加。其二,假如检索比较过程是"串行的自行终止式",即搜索时一旦发现某个记忆项目与测试刺激相匹配后,加工过程就立即停止,不再作所有其余的比较,那么可以预见,记忆集的大小对被试的"反应时"有影响,但反应时间应少于或等于做出负反应(即记忆集中不包含测试刺激,被试的反应为"无")所需的时间。而假如检索比较是"串行的穷尽搜索式",即不管是否发现测试刺激与记忆集中的某个项目相匹配,被试在比较阶段总要"穷尽"整个记忆集,那么可以预见,记忆集中有多少个项目,就要比较多少次,这样记忆集的大小对被试的"反应时"有直接影响,其"反应时"相等于做出负反应所需的时间。据此,斯腾伯格做了实验上的安排:使用若干大小不等的记忆项目集,同时使用了既有引起"正"反应(即记忆集中包括测试刺激,被试的反应为"有")也有引起"负"反应的测试刺激。如此安排,可以得到每种试验类型(即"正"反应和"负"反应)与不同大小记忆集的平均反应时,以使内在的检索比较过程外化,并给予准确观测,为检验三种假说的客观性程度提供依据。最终,实验证实了"串行穷尽搜索说"。

分析上述范例,我们可以概括出验证科学假说的三个步骤。

首先,从科学假说的基本命题出发,通过适当的逻辑推演获得有关现象的可供观测的推理或预见。例如,依据现有的天体演化学说,宇宙中应该存在"黑洞"。于是,"宇宙中可能存在黑洞"便成了一种假说。如果这一假说成立,那么从这一假说的基本命题出发,就能得出"宇宙空间的某一方位如存在一个强大的X射电源,该方位就可能存在一个黑洞"。因为,"黑洞"与X射电源存在必然联系。尽管"黑洞"本身无法直接观测,但"黑洞"产生的强大X射电源则是可观测的。如此,有关"宇宙中可能存在黑洞"的假说便获得了可供观测的推理或预见。

能否从假说的基本命题出发推导出可供观测的预见是至关重要的。这种逻辑推演所要解决的根本性问题是试图寻找到一种能使与假说的基本命题相关的过程或机制得以外化的途径,便于研究者加以客观地观测、判定。如果一种假说所提出的推测或预见无从观测,它即使能自圆其说,但因缺乏客观的评判标准而无法加以检验。诚然,在科学研究中,我们不能轻易否认某人的一次偶然观测可能具有的客观真理性,因而我们不能轻易地否定他人所提出的假说。但为了保证研究结论的严谨、准确,我们只能承认那些可以重复进行观测的具有普遍意义的判断才具有能发展为科学定律的资格。为此,科学假说所导出的推测必须具有可观测性特征。

其次,须设计专门的验证性实验对可供观测的推测或预见实施检验。验证性实验的设计是多种多样的,但有一种实验对假说的验证极为重要,即当两个相互竞争的不同假说都能解释同一现象而均未被证伪时,为判决这两个假说究竟孰优孰劣,何者更为可取就应当利用判决性实验。该种实验是由假说向科学定律发展的一道"关卡",几乎所有假说在发展过程中都会遇到它。在没有进行判决性实验之前,各种假说都不断显示转变为科学定律的可能性,而各种非判决性实验可能从不同角度、不同程度上支持各种假说,因而一种科学定律可能会有好几种不同假说作为"候选者"。经判决性实验,就只有一种假说有"资格"转化为科学定律,从而保证科学定律在客观上具有唯一性。这就是判决性实验的特殊作用。一般说来,判决性实验只有在对立的假说经过长期竞争,积累了大量的事实材料,充分揭示了对立假说涉及的各种矛盾,暴露出关键性的问题之后,才有可能进行。它与其他的实验类型相比,数量较少但要求较高,不容易获得成功。要为两种对立的科学假说设计一项判决性实验必须处理好三个问题:第一,判决性实验应该与对立假说的双方都有关,双方都回答同一个问题,并有相反的结论。第二,判决性实验应使参加因素分别起作用,如混合发生作用则看不出各自的效果。第三,判决性实验应能得出具有唯一性的结论,只能肯定一种假说而否定另一种假说。以上介绍的斯腾伯格的"记忆扫描"实验就是心理学研究中较为典型的"判决性实验",而且属"双重判决性实验"。

以实验来验证科学假说通常可采用两种方式:直接检验与间接检验。直接检验是对假说做出的某些具体的推测或预见,即推测或预见的对象和检验的对象完全一致。例如,有关短时记忆容量的"复述假说"认为:短时记忆容量的大小取决于个体对记忆项目进行复述的能力。从该假说的基本命题出发,就能做出这种预见:如果人与人之间的短时记忆容量的差别是由复述能力决定的,那么排除被试对刺激项目的复述,便可缩小以至消除个体之间在短时记忆容量上的差异。但此后的实验则表明,如以很快的速度呈现刺激项目,其速度快到足以排除被试对它们进行任何复述的可能性,而记忆广度大的被试无论在快速呈现(每秒呈现三个数字)或在慢速呈现(每秒一个数字)条件下其直接回忆成绩都比记忆广度小的被试好,由此证伪了"复述假说"。从"复述假说"的证伪中可看出,直接检验的优点在于,其事实证据能直接判定假说所含的基本命题的正确与否,因而最为有力,最能说服人。所以,在检验假说以促使它发展为科学定律的过程中,研究者应当借助于现代科学实践和现代技术手段与设备,尽力对科学假说的基本命题进行直接检验,以期做出明确判断。

当然,由于受现实条件的限制,有时要对假说的某些推测和预见进行直接检验是有困难的,这就需要以间接检验来弥补。间接检验是指,将假说的基本命题同其他的理论成果相结合。经分析和推测,推演出一些与假说的基本命题相关的预见,然后对这些预见进行检验。如果这种预见被观察和实验的结果所证实,这种被证实了的结论就属间接证据。然后,研究者可依据这些间接证据来反推假说命题的正确性程度。从一定意义上讲,斯腾伯格对"扫描假说"的检验就属间接性检验。因为,该实验所检验的是将假说的基本命题同现代记忆理论(如"反应时"指标、测试刺激在人脑中被加工的三阶段理论等)相结合,经深入分析提出的推测性预见。这种预见由于在逻辑出发点上包含了其他方面的理性因素(某些理性判断本身就属待检验的假说),因此检验这种推测性预见并不能完全判定假说的基本命题的正确性程度。如果我们以 H 表示待检假说;T_1,T_2,T_3,…表示其他的理论因素,P 表示推测性预先,G 表示验证结果,那么间接检验的模式便是:$(H+T_1+T_2+T_3+\cdots)\rightarrow P\rightarrow G$。由该式可看出,如果假说 H 不与理论因素(T_1,T_2,T_3 等)相结合,预见 P 就不可能提出,当然也就无法获得结果 G。由于结果 G 是对 H 与 T_1,T_2,T_3

等相结合的综合性验证结果,因此如果 T_1, T_2, T_3 等都正确可靠,那么 G 就是对 H 的验证;反之,如 T_1, T_2, T_3 等中某一因素本身是待证的假说,那么 G 无法起到判断 H 正确与否的作用。换言之,当 T_1, T_2, T_3 等的正确可靠性还不十分肯定时,由 G 不可完全判定 H。

科学假说如果仅有间接证据而无直接证据,即假说的基本命题本身得不到直接验证,而仅仅证实了基本命题推出的个别预见和结论,那么这种假说只能随着间接证据数目的递增而逐渐逼近科学定律,但不能转化成相对成熟的科学定律。

第三,对科学假说的检验结果须进行全面、辩证地分析。要使一种科学假说能真正地转化成科学定律,必须对观察、实验的检验结果进行全面、辩证地分析。要善于剔除假象和错觉,才能从检验结果中得出可靠的判断。有时用来验证假说的事实与假说之间并无本质联系,只是由于时常相伴呈现,才易被我们错误地联系在一起,具有统计性质的某些现象材料常带有这种特征。所以,仅从某些不完整的统计资料出发,提出的假说是不可靠的,若用同样性质的统计资料去验证假说,其结果可能更不可靠。所以我们需要对验证结果进行认真、仔细地分析,不能为假象所迷惑,更不能因为自己做了一些验证工作,并取得了初步成功而过早地宣称自己的证据已使科学假说转变成了科学定律。

事实上,科学假说转化为科学定律的途径并非总是单向的直接的。它的可能性途径有三条：

一是该假说引出的结论或预言被越来越多的事实所验证，而无一反例，从而提高了假说的可靠性而逐渐发展为科学定律。这一途径可称为假说因纯化而发展为科学定律。

二是观察和实验中发现假说与事实完全不符。此时，必须抛弃这一假说，并通过研究实践另立新的假说，再反复接受观察和实验的检验，也可能为此后的一系列假说所替代，经过漫长的假说间的更替过程，才逐步发展成科学定律。

第三种是最常见的途径，即科学假说常常不是全部被证实，或全部被否定，而是一部分被证实了，另一部分被否定了。此时，就需要对假说进行适当的修改、调整，使它与经验事实相一致。这种修改与调整在原则上可有相当大的自由度。因为假说面临反例并不意味假说的所有命题都被证伪了，只要修改其中部分命题，就能使它成为新的试探性假说。而且假说在修正、补充与形变中，能置反例于不顾而发展自身，并在发展中逐步消化反例，使那些原来看来是反例的观察证据，转过来成为对它的确证和支持，这种假说就能逐步发展为科学定律。

可见，检验假说是一项艰巨而长期的工作。假说的提出和假说的验证虽然都必须依据研究实践中获得的事实材料，但两者对事实的需要量却不同。提出假说不一定要以大量的事实为基础，而假说的验证，则须依靠充分的事实材料，否则很难给假说以明确判定。

在科学假说的检验中,要注意克服一种较为普遍的倾向——验证偏见,即希望寻找证据去证实自己认为该肯定的假说,而没有看到反证在检验假说中的重要价值。检验假说时某些研究者之所以会产生"验证偏见",其重要原因之一是研究者在检验自己的假说时犯了主观主义的"先入之见",单纯地采用了"证实策略",即热衷于搜索那些能直接证实自己假说的"正例",而不去搜索那些会把自己的假说证明为假的"反例"。这种做法明显地违背了科学研究的基本准则——客观性原则,其结果难以对原先的假说给予真正地检验。此外,即使原先的假说有一定的合理性,"验证偏见"也是有害的,因为它只能使研究者发现确证当前假说的证据,而不能找到待发现的一般规律。

第四章
形成科学定律的思维方法

毛泽东同志曾指出:"我们不但要提出任务,而且要解决完成任务的方法问题,我们的任务是过河,但是没有桥或者没有船就不能过。不解决桥和船的问题,过河就是一句空话"。[19] 从事科学研究同样如此,为加速科学研究进程,便于揭示客观规律、形成科学定律,必须十分重视方法问题。一般而言,一个研究者只要不脱离研究实践,并苦干、实干,总可以获得不少研究成果,但要加速自己的研究进程,或要取得某种具有重大意义的科学发现,没有良好的研究方法是不可能的。这就是说,科学研究工作必须把苦干、实干与巧干相结合。因为探索未知现象的奥秘既无现成答案又无平坦大道可走,而需要研究者在崎岖的小路上攀登,摸索着前进。这就要求研究者具有顽强不息的苦干、实干精神。然而,艰难险途的攀越如不借助于"阶梯"很难以较快的速度登上科学的山巅,这就要求

---

[19]《毛泽东选集》第一卷,人民出版社,1991年版,第125页。

研究者富有"巧干"的智谋,善于利用"阶梯"的作用,这种"阶梯"就是研究方法。所以,科学研究中,探索之成败,收获之多寡,不仅取决于研究者是否有决心和毅力付出超过常人的辛劳和汗水,还取决于他在研究中所选择和运用的是何种方法。事实上,科学研究的每一环节与步骤都离不开研究方法,研究方法贯穿于研究过程始终,渗透于研究者的一切活动之中。例如,研究课题确定后怎样确立研究策略与制定实施计划?进而怎样进行观察、实验?观察、实验中怎样对待"机遇"并捕捉"机遇"?面对大量的事实材料怎样加工整理?怎样进行抽象思维以提出假说并使它发展为理论学说?等等,这一切活动与实际成果都凝聚着研究方法,刻上了研究方法的印记。诚然,只有正确的研究方法才能使人事半功倍,而错误的方法则使人误入迷途。

第一节 逻辑思维方法

逻辑思维方法是人类长期实践与认识的产物。掌握此类方法能使我们更好地发挥思维的力量,更好地认识与改造客观世界。此类思维方法很多,科学研究中常用的有分析、综合、归纳、演绎、类比、抽象和概括等。

一、分析与综合

以形成科学定律为目标的科学研究极为复杂,除了须进行大量的观察、实验之外,更须重视科学研究的战略、战术,选择正确的研究策略。所谓研究策略,就是研究问题的出发点和分析、解决问题的基本思路。分析与综合就是科学研究中常用的策略性思维方法。

"分析"即"分解",是把整体分解为部分,把复杂的事物分解为简单的要素,把完整的过程分解为组成它的单元或环节,分别加以考察、研究的思维方法。该方法是认识自然事物或现象的有效思路。因为,当面对某一复杂事物或现象时,如果直接从事物整体着手加以考察,往往会被复杂的联系之网搅得晕头转向,不知问题的关键所在,最后必然会把主次因素混为一谈,无法认识事物的内在本质,所获得的仅是一些具体且直观的肤浅知识。反之,如研究者把构成事物的众多部分(或方面、过程)暂时从相互联系之网中抽取出来、孤立起来,使其单独起作用,并逐个加以考察、研究。这样便能探明各个部分(方面、过程)在整体中的地位与作用,从而加深对事物的具体细节的认识。因此列宁曾指出,如果不把不间断的东西割断,不使活生生的东西简单化、粗糙化,不加以割碎,不使之僵化,那么我们就不能想象、表达、测量、描述运动。

分析方法是认识事物的基本思路,是推动认识不断发展的动力。例如,近百年来,心理学对人类记忆的研究从总体上看正沿着一条体现"分析"思路的方向在发展。从19世纪到20世纪50年代,由于科学研究的局限,人类仅了解长时记忆,即把记忆功能看成是某种单一的结构。60年代,随着心理学研究思路的转变,人类分别发现了瞬时记忆与短时记忆,这样就将单一的记忆功能分解为三个组成系统。此后研究策略的新取向,使人类发现长时记忆又可分为语义记忆与情景记忆。至60年代末,又发现了外显记忆与内隐记忆。可见,正是"分析"思路才促使记忆研究不断深入、发展。所以,恩格斯曾给予分析法以高度评价:"把自然界分解为个别部分,把各种自然过程和自然对象分成一定的门类,对有机体的内部按其多种多样的解剖形态进行研究,这是最近400年来在认识自然界方面获得巨大进展的基本条件。"[20]

当然,认识自然事物仅仅依靠"分析法"是不够的,因为"分析法"有其自身的局限性,即容易把人们的眼光限制在狭隘的方面和领域,把本质上互相联系的东西割裂开来,形成一种孤立、片面地看问题的习惯,其结果很可能会忽视对事物的整体水平的研究,无法真正把握事物的内在本质。从实际效果来看同样如此,"分析"能将复杂事物分解成更为细小、简单的各个部分(方面、过程),如此尽管能取得一系列有关部分(方面、过程)的具体知识,但每一部分(方面、过程)仅仅反映了事物的一个侧面(或局部)。如果研究者对研究对象的认识仅停留在该阶段,就会使作为整体的认识对象在自己的认识

---

[20]《马克思格斯选集》,第三卷,人民出版社,1995年版,第359—360页。

中处于被肢解的状态,就不能获得关于认识对象全面而具体的知识。这样,对研究对象的认识只完成了一半。因此,只有进一步搞清构成整体的各个部分(方面、过程)之间的相互联系与制约关系,使之形成一种统一体,才可能全面而正确地认识事物,而要实现这一目标就需要运用"综合"。

"综合法"与"分析法"相比,两者思考过程的方向是相反的。"综合"是将已有的关于研究对象各部分(方面、过程)的认识联结和统一起来,以形成对认识对象的整体认识。当然,"综合"并不是把各部分(方面、过程)的特性简单地加以罗列或随意相加,而是按其内部联系及相互间的关系进行有机整合。经过"综合",就能恢复并把握认识对象的各要素间的联系与中介,克服因"分解"所造成的局限性,因而更能揭示认识对象在其分割状态下不曾呈现出来的特性,获得认识对象整体的本质性认识。所以,"分析"基础上的"综合"是十分必要的,经过"综合"才能使我们的认识更接近客观实际。

根据"分析"与"综合"的作用及其相互关系,研究者在认识自然事物时应注意三点:第一,绝大多数自然事物都相当复杂,因而我们应把自然事物看成是由不同部分(方面、过程)组成的复合体。第二,当认识对象涉及面较广,内在因素较多,诸多因素间又错综复杂时,往往可采用"分析法",把认识对象分解成各个要素(部分、方面),把完整的过程分解为组成它的单元或环节,分别加以考察、研究。这样,有助于加深了解复合体的内部结构及各要素(部分、方面、过程)的特性。第三,为形成对认识对象的整体性认识,必须采用"综合"方法,把"分析"所获的认识加以联结与统一起来,并搞清楚各个部分(方面、过程)的结合方式与规律,才便于理解自然事物的整体特征。

二、归纳与演绎

科学研究中,要从已知去探求未知,须借助推理方法。尤其随着现代科学研究领域的不断扩展,要探究微观与宇观领域的自然现象及其规律,已非凭借人的感官所能直接触及的,而必须在仪器、设备所获取的现象、数据的基础上,凭借合理的逻辑推理,才能间接地认识、把握研究对象的本质与规律,为形成科学定律提供条件。现代科学研究中,最为重要的推理方法是归纳与演绎。

归纳是提出科学假说与经验定律的重要方法。归纳包括前提和结论两部分,前提是一些个别事物或现象的判断,而结论则是关于事物或现象的普遍性判断。因此,归纳是从个别到一般的推理方法,即从个别事实中推出一般性原理的思维方法。

经验知识是人类对科学事实的记录与描述,但经验知识一般具有零散与混杂的特征,因此要对经验知识加以归纳、整理,去粗取精、去伪存真,从中发掘事物或现象的普遍联系与共同特征,便于提炼经验定律,因而归纳是形成经验定律的重要方法。

此外,归纳也是提出科学假说的重要方法之一。这是因为,归纳推理中,前提与结论间的联系不是必然而是或然的。当我们研究某类客观现象时,通过有限的观察、实验,只能获得相当有限的科学事实。即便这些经验事实是基本正确的,但从这种事实出发,推出的一般性结论却不一定正确可靠。正是这一特征,使归纳法成了提出科学假说的方法之一。诚然,归纳有各种不同形式,不同形式的归纳提出的科学假说其可靠性程度各不相同。完全归纳法推出的结论比较真实可靠,但实际运用有很大局限性。不完全归纳尽管推出的结论不够正确,但它却比较符合科学从样本研究总体的常规思路,因此它是提出科学假说的基本方法。因概括的根据不同,不完全归纳又可分为简单枚举法与判明因果联系的归纳法。

当我们观察到某类研究对象的许多样本都有某一属性,而又没有观察到相反的事例,我们就做出结论:该类对象都有某属性,这就运用了简单枚举法。如用 S 表示一类对象;S_1, S_2,⋯表示 S 类对象中的个别样本,P 表示一种属性,那么简单枚举法可用图式表示为

$$S_1 \text{ 是 } P$$
$$S_2 \text{ 是 } P$$
$$\vdots$$

$$\frac{S_n \text{ 是 } P}{\text{所以,所有 } S \text{ 都是 } P}$$

简单枚举法运用方便,只要根据少数事实就能推演出科学假说。它的缺点在于不能保证结论的正确性,带有很大的或然性。简单枚举法的可靠性完全建筑在枚举事例的数量上,当枚举事例的数量不断增大时,简单枚举的可靠性就会有所增大。但即使枚举的事例很多,其可靠性仍然不是绝对的,只要出现一个反例,其结论就会被推翻。所以,该方法只能为我们提供或然性结论,不能提供确定性结论,更不能提供必然性结论。因此该方法不能作为证明来使用,而只能提供尚需进一步加以研究和验证的假定。为了提高推论的可靠性,最根本的是要搜集大量经验事实,经验事实越多,对研究对象考察的范围越广,结论的可靠性程度就越高。此外,还须努力发现研究对象与属性间的必然联系。如能确定某属性是研究对象所必然具有的,那么所推出的结论的可靠性就会大大增强。

判明因果联系的归纳法是根据因果规律的特点,在前后相继的现象中,通过现象间的相关变化来推出现象间具有因果联系的方法。由于科学研究的根本任务是探索自然事物或现象发生、发展的规律,而规律是现象间的必然联系,因而要掌握自然规律就必须借助于因果分析,即根据研究对象反映的现象,去推测引起现象的原因。所以判明因果联系的方法在科学研究中十分有用。判明因果联系的方法可分为五种:

第一种叫"契合法"。它的基本内容是：如果所研究的对象出现在两个或两个以上的场合中，只有一个情况是共同的，那么这个共同的情况就与所研究的现象之间有因果联系。如用 A，B，C，D 和 E 分别代表不同的情况，用 a，b，c，d 和 e 分别代表不同的现象。其中 a 是我们研究的对象。契合法可用如下式表示：

场合(1) $ABC \rightarrow abc$；
场合(2) $ABD \rightarrow abd$；
场合(3) $ACE \rightarrow ace$。

因此，A 和 a 之间有因果联系。

这里"$ABC \rightarrow abc$"表示一个具体的研究场合。在该场合中，情况 ABC 出现，现象 abc 也出现，余类推。契合法符合科学研究的实际进程。当我们经反复观察与实验，便能取得许多关于研究对象的事实材料。为揭示研究对象的某种规律，必然要把不同场合获得的事实材料进行整理和比较，力图从不同材料的对比中发掘出有价值的共同性东西，即从异中求同，而契合法就是实现这一目的的方法之一。例如，研究者在各自的实验情境中，分别在识记与回忆之间设置不同的刺激因素，结果观察到一个共同的现象，即设置因素会明显地降低所学材料的回忆率，由此形成了关于遗忘原因的"干扰说"。不过，契合法往往在研究工作的初期阶段使用,通过它先提出一个或然性结论,再用已有的知识或其他方式来加以验证。一般认为,应用契合法的可靠性程度与观察到的场合数有关,也和各个场合中不相同情况之间的差异性程度有关。如果观察到的场合越多,各个不相同情况之间的差异性越大,运用契合法就越可靠。

第二种叫"差异法"。它的基本内容是:如果所研究的对象出现的场合与它不出现的场合之间只有一点不同,即在一个场合中有某种情况出现,而在另一个场合中这个情况不出现。那么,这个情况与所研究的对象之间就有因果联系。差异法可用如下图式表示:

场合 (1)$ABC \rightarrow abc$;
场合 (2)$BC \rightarrow bc$。

所以,A 与 a 之间有因果关系。

在场合(1)中,原因 A 出现,所研究的现象 a 也出现,场合(1)称"正面场合"。在场合(2)中,原因 A 不出现,所研究的现象 a 也不出现,场合(2)称"反面场合"。有关记忆机制的"分子载体说"正是在"差异法"的运用中提出的。其正面场合是:脑细胞中 RNA 分子量增加,记忆产生与增强;其反面场合是:脑细胞中 RNA 分子被酶分解,记忆消失或减弱。根据正反场合之差,便推出 RNA 与记忆之间存在因果联系。此外,研究者运用差异法也推论出"反响回路"是短时记忆的生理基础。从这类例子中可以看出,差异法的基本特点是将不同场合所获得的观察材料进行比较,从正反场合所存在的不同条件(或因素)中去推论它们与被研究对象之间的因果联系。差异法比契合法更为可靠,因为差异法中既有正面场合又有反面场合,而且正反场合仅有某一情况之异,这样就能较为准确地判明某个情况与所研究现象之间的因果联系。当然,差异法也会产生错误。因为差异法要求正反场合中只有某一点不同,但在实际研究中很难遇到除一种情况之外,其他一切情况都相同或相似的两个场合。如果正反场合除某一点不同外,正面场合还存在反面场合所没有的另一些独有的情况,而且另一些情况又被研究者忽视的话,那么使用差异法所推出的结论就会产生错误。正因为差异法推出的结论具有或然性特征才使它成为提出科学假说的方法之一。

第三种叫"契合差异并用法"。这是契合法和差异法的综合运用。其内容是:如果在所研究的现象出现的几个场合中,都存在一个共同情况;而在所研究的现象不出现的几个场合中,都没有这个情况,那么这个情况与所研究的现象之间就有因果联系。用图式可表示如下:

$$\text{正面场合} \quad ABC \rightarrow abc,$$
$$ABE \rightarrow abe,$$
$$ABG \rightarrow abg;$$

反面场合　$BMN \to bmn$,

$DOP \to dop$,

$FHR \to fhr$。

所以,A 与 a 之间有因果联系。

使用契合差异并用法可分为三步:(ⅰ)把所研究的现象出现的那些场合加以比较;(ⅱ)把所研究的现象不出现的那些场合加以比较;(ⅲ)把前两步比较所得到的结果再加以比较。

第四种叫"共变法"。其内容是:如果某一现象发生一定程度的变化时,另一现象也随之发生一定程度的变化,那么这两种现象之间有因果联系。如用 A, B, C 和 a, b, c 分别代表不同现象,又用 A_1, A_2, A_3 代表现象 A 的不同状态,a_1, a_2, a_3 代表 a 的不同状态,那么共变法可用图式表示为

场合　(1) $A_1BC \to a_1bc$,

(2) $A_2BC \to a_2bc$,

(3) $A_3BC \to a_3bc$。

所以,A 与 a 有因果联系。

这里,由场合(1)变化到场合(2)时,现象 A_1 变成 A_2,现象 a_1 也变化成 a_2,其他现象都保持不变。由场合(2)到场合(3)时,

现象 A_2 变成 A_3，现象 a_2 也变化成 a_3，其他现象都不变。"共变"是科学研究中较为常见的现象。其形式有正相共变与反相共变。如学习次数随记忆项目数量的增加而增加，即为正相共变；而随时间流逝，记忆的保持量逐渐减少，即为反相共变。运用共变法来判明两现象是否有因果联系，要注意两点：（ⅰ）涉及两种现象的共变关系时，其他现象在不同场合中应无明显变化。如果其他现象也在发生变化，而我们又忽视了那些正在变化之中的现象，那么共变法推出的结论就可能有错误；（ⅱ）两种现象的共变关系常常仅反映在一定的限度内，超过这一限度，它们的共变关系就会消失，或者表现为一种相反的共变关系。例如，在一定限度内，过度学习的次数与记忆保持成正相共变，但是，如过度学习次数超过 50％，这种正相共变将不复存在。又例如，前后学习的两份材料，由完全相同向完全不同逐步变化时，起初，倒摄抑制会逐渐增强。当材料的不相似性达到一定程度，抑制作用最大；以后，这种抑制作用又会逐渐减小，最后至两份识记材料完全不同时抑制作用的效果反而最小。呈这种"共变"的科学现象比比皆是，因此我们必须正确把握现象间的共变范围。把握住最佳范围，才能运用共变法，推出符合客观实际的结论。

第五种叫"剩余法"。该法的基本内容是：如果已知某一复合现象是另一复合现象的原因，同时已知前一现象中的某一部分是后一现象中的某一部分的原因，那么前一现象的其余部分与后一现象的其余部分有因果联系。如果 A, B, C, D 是 a, b, c, d 的原因,那么剩余法可用如下图式表示:

A 是 a 的原因,

B 是 b 的原因,

C 是 c 的原因。

所以,D 与 d 之间有因果联系。

判明因果联系的归纳法是提出科学假说的主要方法,然而它们却存在严重的缺陷和局限性。这是因为该类方法仅适用于研究单因子与结果之间的关系,即作为现象原因的各个因素都是相互独立、彼此之间并不发生作用。在这一假定之下,才允许研究者在实验中把其他所有因子固定,而只让其中某一因子发生变化。但事实上,作为现象原因的因子间却往往是相互关联、相互制约、互为因果的。当我们使某一因子发生变化时,其他因子也会随之发生变化,这种因子间的交互作用是判明因果联系的归纳法无法解决的难题,即该类方法在具体使用中无法考虑"相关因子"对结果的影响作用。克服这种缺陷的措施之一在于,实验设计时尽量采用"正交试验法"或"现代系统方法"。

除归纳外,演绎也是重要的推理方法。演绎是从一般性原理推出个别结论的方法。其主要形式是三段论,即由大前提、小前提和结论三部分组成。大前提是已知的一般性知识、原理；小前提是已知的个别事物和大前提中全体事物的关系；结论则是由大小前提通过推演而获得的个别事物的认识。比如，当我们有了"天上鲤鱼斑，出门不带伞"的一般知识后，当观察到今天天空又出现鲤鱼斑云时，就会推演出"当天天气晴好"的结论。这一结论的获得，就用了演绎方法。如用三段论来表示就是：大前提——"天上鲤鱼斑，出门不带伞"；小前提——当天天空出现"鲤鱼斑云"；结论——当天天气晴好。

由于认识个别事物时，我们总是以一般知识、观点与方法作指导的，所以认识个别事物离不开演绎法。此外，演绎法从一般原理出发，具有极强的严密性、逻辑性特征，因此它是进行科学预见与论证科学发现的有效工具。演绎推理中，只要推理的前提是正确的，推理形式合乎逻辑规则，演绎出的结论总是正确的。所以，演绎是一种必然性推理。

既然演绎是一种必然性推理，演绎所得的结论具有确定、可靠的性质，那为什么演绎又能成为提出科学假说的一种方法呢？这是因为，通常作为演绎出发点的一般性科学理论学说或原理，受其实际水平和种种条件的限制，可能包含有错误和不足，要使理论学说与事实完全融洽和谐是永远不可能的。因此任何一种理论学说都不是绝对真理，它们只在一定条件下才能成立。既然如此，从这种理论前提出发，通过演绎推出的具体结论是不可能绝对可靠和真实的。这种具体结论在科学事实的检验中才能决定其正确与否。从这一意义上讲,演绎推理也可作为提出科学假说的方法。在科学发展的历史长河中,从一般性原理或定律出发,运用演绎方法,许多科学家已成功地提出了一个又一个科学假说。例如,从"一切生命现象都有一定的物质承担者"出发,1959年生物化学家海登(H. Hyden)认为,"记忆"是一种生命现象,因而记忆也可能具有特殊的物质承担者。经反复实验,海登终于发现RNA与记忆有关,于是RNA便被推论为"记忆"的物质载体。通过演绎以推出正确的科学假说必须有相对真实的前提,即以普遍正确的科学理论原理为前提,决不能以科学假说为前提去推演假说,如此行事其结论十有八九是错误的。

演绎作为重要的思维方法其认识功能还在于,能提出理论定律。例如,热力学第二定律开始仅是对经验知识做归纳而获得的经验定律,本质上仅停留在对现象规律的描述层面,仅揭示了事物或现象发生的方向性,如热量能由高温物体自发传向低温物体。尔后,经克劳修斯(Rudolf Julius Emanuel Clausius)对其做了数学推理演绎后,引入了"熵"的概念,热力学第二定律才成为揭示事物深层次本质的理论定律。

归纳与演绎是科学定律形成中不可缺少的,两者又是彼此互补的。演绎脱离归纳便成为空洞的演绎;反之,归纳脱离演绎就成盲目、肤浅的归纳。归纳丰富了演绎,演绎补充和指导了归纳。所以,归纳和演绎是相互依赖、相互渗透、相互转化的,二者缺一不可。

三、抽象与概括

所谓抽象,是指在分析、综合、比较、分类的基础上,抽取同类的各个个别对象所共有的本质属性,舍弃对象的非本质的思维操作。例如,对人的特征进行分析、综合、比较后发现,人尽管有肤色、性别、高矮、年龄等方面的差异,但作为人所共有的本质特征则是会劳动,并能借助语词进行思维活动。这种对人共有的本质特征的抽取就利用了抽象。所以,抽象有两个重要作用:第一,思维借助于抽象能揭示事物的共同本质。当我们直接感知事物时,事物暴露的现象是混杂的,其本质往往藏而不露,而借助于抽象就能在感知觉提供的感性材料的基础上揭示出事物的本质属性。第二,思维借助于抽象能从偶然中发现必然,揭示事物发展的规律性。事物表现的现象中既有真象也有假象,既有偶然现象也有必然现象,而借助于抽象就能从事物反映的大量现象中发现其中稳定的、具有必然意义的东西,进而揭示事物运动变化的规律性。

所谓概括,是指在头脑中把同类事物中抽取的共同的本质特征综合起来,并推广到同类事物中去的思维操作。例如,"鸭"所共有的本质特征是扁嘴、短胫、足有蹼、船形体态、喜游水等。如把鸭的这些本质特征综合起来,并运用到日常生活中去,将具有这些特征的动物称为"鸭",这就运用了概括。概括在科学认识中具有重要作用,运用它能形成各种表象与概念。

作为思维操作的抽象与概括是紧密联系的。抽象是概括的基础,利用抽象抽取出事物的共有的本质特征后才能进行概括。没有抽象,就没有概括。而概括则是抽象的后继思维操作。通过概括才能综合事物的本质特征,形成科学概念,进而构造假设与理论,对事物达到规律性认识。

四、类比

类比是一种重要的逻辑方法,它在提出科学假说时具有特殊功能。类比是根据两个或两类对象之间在某些属性或特征上的相似或相同推出它们在其他属性或特征上也可能相似或相同的方法。类比法可用图式表示如下:

A 对象具有 a, b, c, d 属性(或特征),
B 对象具有 a', b', c' 属性(或特征)。

所以,B 对象可能也有 d' 属性(或特征)。

该式中的 a, b, c, d 与 a', b', c', d' 相似、相同。由该式可见,类比推理的结构包括根据和推断两部分。共有属性 A 的 a, b, c 和 B 的 a', b', c' 是根据,推移属性 A 的 d 在作为一个对象的已知属性时也是根据,在推移到另一对象的未知方面时就成了结论。所以类比法是一种从对象间的已知同一性、相似性向对象间未知的同一性、相似性的推理过程。科学研究中,为了要认识未知对象或某对象的未知方面,往往把未知对象和已知对象进行比较,从中找出两者的共同点,再利用这些共同点作为桥梁去推测未知方面。由于科学研究的这一特征,便决定了类比法在其中的适用性。例如,美国斯坦福大学心理学家罗杰·谢泼德(Roger Shepard)等人认为,表象与外部客体有同构关系,即内部表征的机能联系与外部客体的结构联系是相似的。据此,他们依据客体的物理旋转特征推出了"心理旋转也应经历一些中间阶段",该类比推论于1973年已为实验所证实。不过,类比推出的结论不一定可靠,多半带有很大的或然性。其原因在于:(ⅰ)类比的客观基础限制了类比结论的可靠性。因为进行类比的两事物之间既有同一性也有差异性。同一性提供了类比的根据,而差异性则限制了类比结论。如果根据相似的属性(或共有属性)进行类比时,推出的属性正好是两者的差异性,那类比的结论就容易发生错误;(ⅱ)类比的逻辑根据也是不充分的。类比是以对象间的某种相似为根据,但两个对象间的某些属性上的相似和相同,并不能因此而得出两者在其他方面也必然相似和相同。类比的这两个特点决定它只能作为提出科学假说的一种工具。为提高类比结论的可靠性程度,注意两项原则是有益的:(ⅰ)用作类比的两个对象的共有属性越多,推出的结论的可靠性程度就越高;(ⅱ)类比时以对象间的本质属性为推理的依据,才便于推出可靠性较高的结论。因为在事物的众多属性中,本质属性决定非本质属性。如果两个对象的共有属性是本质方面的,那么两者就会有其他一系列共有属性,因而推出的结论其可靠性程度就会大大提高。相反,如果对类比对象研究不充分,在不了解对象间的本质方面有很大差异的情况下贸然进行类比,就会犯"机械类比"的错误,容易做出牵强附会的推论。

第二节 直觉思维方法

科学研究中,有时对已有经验事实进行整理与思考时,甚至可以不受某种固定的逻辑规律的约束而直接去领悟研究对象的本质与规律。这种直接领悟研究对象本质的思维方式,称为直觉思维。直觉思维形成的认识成果多半带有浓厚的推测性,因此利用直觉思维也能提出科学假说,进而经经验事实的反复检验,有可能发展为科学定律。可见,直觉思维方法对于科学定律的形成具助推作用。直觉思维有多种表现形式,通常可分为想象式和灵感式两类。

一、想象

想象分为再造想象和创造性想象两种。其中创造性想象是科学研究中提出科学假说的重要途径。创造性想象是根据一定目的和任务,在已有知识和事实的基础上,让思维自由神驰,通过新的配合,而独立地创造出新形象或提出新设想,以领悟研究对象的本质或规律的方法。由于人有抽象思维能力，因而根据某些事实加以猜想，这是一种基本的思维方式。古代希腊的贤哲德谟克利特（Demooritus）就猜到了"原子"的存在，中国古代老子猜着了世界无穷无尽的可分性，此类带有朴素辩证法思想的想象都已成为科学事实。如今，对于暂且还无法直接观察的复杂的微观机制，研究者自然也可对其进行想象。目前，不少研究者利用想象已对无法直接观察的微观、宇观现象及其宏观物体的内在机理做了种种解释，为进一步深入探索客观规律、建立科学定律起了某种积极的推动作用。例如，认知科学家倾向于把"注意"理解为人加工信息的有限容量。为解释"注意"的这种有限性，他们做了种种想象：其一，"能量有限"，即将"注意"想象为受有限能量所驱动，由于精神能量有限，人的"注意"只能分担该能量允许范围内的任务，如超载作业则将衰退。其二，"空间有限"，即将"注意"想象为一种工作空间，在这种工作空间中，只有一定数目的任务能得以进入，由于空间有限，其他的任务则容纳不下。其三，"使者有限"，即把注意想象为一伙"小鬼"，每一"小鬼"只能执行一项任务，由于"小鬼"数目有限，所以注意不能被指派承担多于"小鬼"数目的任务。这些具体化形象化的想象尽管不一定合理，但却多少能给"注意"的选择性特征的内在机理以不同程度的解释，从中体现出想象在构造科学假说中的作用。有时，为提高想象的效率，也可以塑造出未知对象的模型

（或图像）。现代科学研究中，当研究者对所研究的对象还不能建立起完整的理论时，常常依据经验事实，并借助想象先提出一种粗略的科学模型，而精确的科学理论学说就是在模型所提供的直观解释的基础上，通过事实材料的充实，逐渐使模型趋于合理化而完成的。笔者认为，模型作为科学假说的一种形式具有三种特征：第一，直观性。模型是在现代科学发展中出现的一种推理形式，它是随着研究者的认识深入到事物内部过程（结构）和内在机制以后，为更好地说明外在现象而提出的。研究者通过模型把内在机制外在化，把抽象的东西形象化，从而使人们获得一种比较直观的认识。第二，假设性。科学模型是以不充分的经验事实为基础，通过想象、推理等一系列思想操作而勾画出的一种不成熟的形象化的描述，因而具有浓厚的假设性。但这种假设却把科学的深刻性和直观想象的形象性集于一身，使人们便于通过形象的直观更好地推导、探求现象的内在本质。它既克服了单纯的感性直观和纯粹的抽象思维的缺陷，又不排斥感官和思维的作用。第三，近似性。模型只能突出事物内在的主要方面，而忽略其次要方面，所以它所反映的内容只能是近似的。即使是极为详尽、复杂的模型，与其所反映的原型相比，也只是近似的、不精确的。由于模型的直观性、假设性与近似性特征有利于研究者展开科学思维，有利于研究者理解和把握事物或现象的本质，因而利用想象将自己的初步认识转化为模型已成为现代科学研究中提出假说的最重要的方式。只要我们翻开近代出版的科学著作,就能发现作为正式内容列入其中的数以百计的模型,尽管有些谓之"理论模型",实质上都是尚待进一步验证的假说,在现代科学中尤为明显。例如,现代认知科学为解释心智机制所建构的"鬼域模型"、"注意分配模型"、"层次网络模型"、"HAM模型"、"成分比较模型"、"流程认知模型"、"认知-记忆信息处理模型"等都是想象具体化的范例。这些形象化的模型在不同程度上都能对可见的心智现象做出某种解释,对认识心智现象的内在机制起了助推作用。

一般认为,研究者不必在事实材料十分完备之后才去构思研究对象内部机理的图景,而只要在研究的问题明确之后,以已经收集的事实为依据,就可去猜想研究对象的本质和规律。但是人脑中形成的种种形象或设想是否具有客观真理性,是需要接受实践检验的。正因为如此,才使想象成了提出科学假说的方法之一。

二、灵感

直觉思维中,除"想象"之外还有"灵感"。目前对灵感的研究有相当的难度。原因在于,灵感是显现出来的。灵感的显现是如此之短促,以致思维者只意识到思维的结果,而意识不到其中的过程,这就为研究灵感的产生机制带来了困难。尽管如此,灵感作为新设想的"助产婆"却为人人所皆知。诚然,因灵感激发的某种设想或解决难题的方案是否正确,同样有待于研究实践的检验,所以灵感也是提出科学假说的方法之一。

灵感既可发生在为解决问题进行苦心思索时那种受主体意识控制的"现实的思维中",也可能发生在主体当下并不在思考所要想解决的问题,甚至在某种不受主体控制的所谓"下意识"的状态中。在前一种情况下,"焦点意识"使研究者围绕问题有目的地进行苦心思索,逻辑、证据和现实的约束在其中起着主要作用,此时灵感的"顿悟"常常能使研究者"茅塞顿开",新的设想一下子跃入意识之中,解决了某种百思不得其解的难题的关键之处。在后一种情况下,漫无目的的"无向思维"看似与解题毫不相干,但却能使研究者得到启示,使原来曾经思考过的科学难题展现出得以解决的前景。类似于"灵感"的这种启示有时甚至还可以出现在梦境中,即使在这种精神状态下,有时也能为解决科学难题提供关键性的设想。

灵感的主要特征是意外性与偶然性,它显现的速度之快、作用之突然是无法事先预料的。因此我们不能期待它按特定的计划、预定的方式、时间和地点出现。不过,灵感也并非完全顺其自然。只要研究者本人善于创造条件,在有利的条件下,灵感就容易显现,也有利于提出新的设想,进而发展为科学假说。笔者认为,有利于灵感显现的条件可概括为以下五项。

第一,灵感不是脱离事实根据的胡思乱想,它根植于科学认识之中,是研究者已有知识因素积累到一定程度的迅速综合,因此知识的贮备是产生灵感的基本条件。知识应包括两个方面,首先是功底深厚的专业知识;其次是与本学科相邻学科的有关知识。一个科学研究者如果只限于本专业的知识,只懂得几种固定的实验和思维方法,就很难达到既深且广的程度,考虑问题的思路就会大大受其限制。在现代科学研究中,取得成果的几率与所采取的思路数量成正相关。即可选择的思路越多,交叉点越多,取得成果的可能就越大。这是因为,一个研究课题对事物的本质探究得越深,牵涉的学科知识就越多。为解决一个具有一定难度的课题,如果具备了较为广博的知识域,就能使自己的思路大为宽阔,在多条思路的融汇贯通中,得力于灵感,才能实现认识上的突变。

第二,科学研究实践表明,当研究者对某一问题进行了一段相当长时间的专注研究后,转而考虑其他时,很可能研究者仍在下意识地思考原有问题。一旦眼前事物与经久思考的问题联系起来,实现了某种配合后,提交自觉的思考加以评定,由此体现为灵感显现。可见,灵感是以研究者长期致力于解决问题的紧张思考为前提的,是研究者长期钻研、经久思考的结果,为此有人把灵感显现说成是对研究者艰苦思考的奖赏。

第三,在经久沉思、紧张工作一段时间后,暂时放下工作期间,更易于激发灵感,这是由于条件改变导致思路改变而引起的。当研究者紧张思考某一问题时,虽然聚精会神,但有时却可能因思维定势而导致思路闭塞、思想僵化。再说,如果一旦沿着一条不利的思路探索时,问题考虑得越多,采取有利思考的可能性就越小。正如法国科学家尼科尔(L. Nicolle)所说:面临困难的时间越长,解决困难的希望越小。然而,在紧张思考以致精疲力竭之时,暂时把问题搁置起来,却容易受到别的事物或现象的启发,而摆脱习惯性思维程序的束缚,因触类旁通而产生新的联想,从中找到另一条解决问题的通道。此外,思维长期紧张而暂时松懈也有利于消化、利用和沟通已经得到的科学事实,有利于冷静回味以往得失和忽略掉的线索,有利于恢复大脑和体力上的疲劳,以良好的精神状态投入新的研究。因此紧张工作一段时间后,松懈一下情绪,调整一下自己的研究思路,这对激发灵感大有好处。

第四,紧张钻研后的暂时松懈之际,还要善于发挥生活和工作中某些原型对灵感的诱导作用。能起启发作用的事物叫原型,我们周围许多事物都可能作为原型,发挥其诱导作用。例如,实验仪器、自然景物、示意图解、文字描述等。原型之所以具有启发诱导作用,是因为原型与长期研究的问题之间有某种相似点,通过联想,可能找到解决问题的新设想。

第五,经诱发而迸发的灵感具有突如其来、瞬息即逝的特点,如不及时捕获,就可能"烟消云散"。捕获闪光设想的有效方法是养成随身携带纸笔的习惯,随时记下闪过脑际的有创造之见的念想,以供分析、研究和查考之用。

综上所述,产生和捕获灵感的必备条件与基本过程是:存在一个待解的难题;研究者具备了解决该难题的专业知识与相关学科的间接性知识;经一段时间的紧张沉思与研究;暂时放下研究的问题,处于松懈之际;在偶然事物的诱导下,产生新的联想,从而打开一条新的思路,形成解决问题的崭新设想;将这种设想及时记录下来,以便进一步分析与查考。

值得指出的是,捕获的灵感往往只是一些模糊的设想,一般具有不完备和不精确的特点,而且绝大多数可能是十分荒谬的,它们常常会把我们引向错误和歧途,因为它们毕竟是某种非理性、非逻辑思维的产物。所以,必须对这类设想进行逻辑加工,并准确地表达出来,以形成明确的命题和假定。可见,从捕获灵感到提出完整形式的科学假说还须做大量工作。

第三节 科学思维方法

第二次世界大战后,出现了一些崭新的学科,如系统论、信息论、控制论等。它们从不同侧面揭示了客观物质世界的本质联系和运动规律,为一切科学学科领域提供了新思路、新方法。于是,系统方法、信息方法、控制方法等作为辩证综合的具体方法便应运而生了。五十多年来,一些独具慧眼的科学家开始利用现代科学方法所提供的独特思路研究科学现象,结果使某些久拖未解的难题获得了一定程度的解决,从而显示出现代科学方法在科学研究中的适用性。然而,从科学的整体着眼,这些综合性科学方法的运用尚处初期阶段,不少科学研究者对这些方法所能提供的良好的战略性思路并无切身体会,致使其使用面不广,取得的成果也不多。为此,笔者试图从理论与实践上论证现代科学方法对科学研究的必要性与可行性,以事实阐明:现代科学方法对确定科学研究策略,加速科学研究进展具有特殊的战略意义。

一、系统方法

系统方法是从系统的观点出发,着眼于系统与要素、要素与要素、系统与环境的相互联系和相互作用,综合、精确地考察对象,以揭示其系统性质及其运动规律,从而达到最佳地处理科学问题的方法。

系统方法与传统方法相比有四个特点:

第一,整体性,这是系统方法的根据和出发点。系统方法十分强调对事物进行整体研究,因为它把认识对象都看作系统,认为一个系统所表现出来的总体特征和总体运动规律,既不同于它的组成部分,也不同于各个组成部分的简单总和,而是组成它的各个部分彼此和谐地相互联系、相互作用从整体上呈现出来的。为此,系统方法主张考察和解决问题时不能仅仅对某种要素或某一指标进行孤立地思考,而应从整体出发进行通盘考虑,只有这样才能正确地认识客观事物。

第二,最优化,这是系统方法的基本目的。最优化是指,应从多种可能的途径中为系统选择出优化的方案,使系统处于最优的状态,达到最优的效果。事实上,对于一个复杂系统来说,要达到目标的方案往往是多种多样的,但其中总有一个方案是最优化的或满意的。运用系统方法就能从中选出最优化的方案。

第三,模型化,这是实现最优化的手段与途径。所谓模型化,就是运用设计出来的系统模型来代替复杂的难以直接进行分析和实验的真实系统。通过对系统模型的分析和研究反过来认识真实系统的本质与规律。模型化之所以能达到这一目的,是因为系统模型确定了系统的边界范围、系统的要素及其相互联系、相互作用的情况、状态,由此利用电子计算机进行系统仿真,便能不断修正系统方案,逐步实现系统的最优化。

第四,程序化,这是运用系统方法解决问题必须遵循的逻辑。运用系统方法研究和解决问题,通常需经历六个紧密相连的环节:(ⅰ)摆明问题,即从整体观点出发,摆明需要解决的问题,并确定在一定条件下将问题解决到何种程度;(ⅱ)系统综合,即根据目标,制定实现目标的各种方案;(ⅲ)系统分析,即通过数学分析和模型研究等途径对系统综合中提出的各种备选方案进行定性分析和定量计算,以鉴别各种方案的优缺点;(ⅳ)系统选择,即从众多的备选方案中,通过比较与鉴别,抉择出其中最优化的系统方案;(ⅴ)试验,对选定的方案进行局部试验,以检验方案的正确性和可行性;(ⅵ)组织实施,即根据最后确定的系统方案,从事研究、施工,把系统建立起来,并投入运转,若发现问题,就根据具体情况对方案做适当调整,直到问题解决。

显而易见,具有上述特点的系统方法与传统方法相比是一种创新,这种创新的方法论意义主要体现在两个方面:

第一,为科学研究提供了新思路、新方法。传统的思维方式是先分析研究对象的各个部分,然后再综合为整体。这种以分析为出发点的思维方式往往把分析与综合、部分与整体、原因与结果的关系机械地割裂开来,结果容易得出部分功能好则整体功能一定好、部分功能不好则整体功能也不可能好的错误结论。而系统方法提醒我们,要认识事物的整体特性、功能与运动规律,必须把综合作为出发点和归宿。当然,这并不意味着在实际研究中可以不需要将研究对象进行分解,即分解成若干部分(或方面)予以研究,然后再综合起来。而是指,我们在研究中不能把研究对象进行简单分解或简单相加,即不能把研究对象分解为各个要素,再以这些要素的简单相加来说明研究对象的本质属性。在现实中,凡有经验的研究者都知道,复杂事物的特性是其内部组成部分相互作用共同产生的结果,单纯用分解方法逐个地对各组成部分进行研究,然后加以综合是得不到关于研究对象整体功能的正确认识的。所以奥地利理论生物学家贝特朗菲（Ludwig von Bertalanffy）把整体大于各孤立部分之和看作是系统思想的一条基本原则。根据这一原则,我们在提出问题时应从系统的整体出发,在解决问题时也要着眼于系统整体的要求。同样,当我们在处理系统中某个局部时,不能仅从该局部出发,而应该把局部放到它所在系统中,与其他的局部联系起来,与系统整体联系起来。可见,系统方法为科学方法论增添了新的内容,是科学思维方式的一次突破与创新。

第二,兼备多种认识功能。任何一种研究方法都有其特定的认识功能。按照它们在认识过程中的不同功能,可分为确定目标的方法和实现目标的方法。在传统的科学研究中,确定目标主要依靠经验判断和逻辑分析方法,实现目标则利用观察、实验和假说等。系统方法却把确定目标和实现目标这两种认识过程有机地统一起来了。它通过摆明问题、目标选择为确定目标提供可靠依据,又通过系统综合、系统分析、系统选择等步骤为实现目标提供可靠的依据,所以系统方法兼有确定目标和实现目标这两个方面的认识功能。

系统论是在处理与解决复杂的系统工程中产生与发展起来的,因而系统方法特别适用于研究多要素组成的复杂的有序系统。例如,人的心智结构从本质上讲也是一个错综复杂、纵横交错的有序系统,如把人的心理看作是一个普遍联系的有机整体、一个大系统,那么这个大系统又可包括若干个相互关联的子系统。每一子系统又由若干个紧密相联的次一级的子系统所组成。诚然,次一级子系统又可分为若干级更低一层次的彼此相关的子系统或要素。因此,任何一个相对独立的系统都是它的高一层次系统中的一个要素,同时又是一个比它低一层次的各要素构成的系统。心理过程与心理特征是心理系统中的两大子系统,两者相互渗透、相互制约,既没有不带个性特征的心理过程,也没有不表现在心理过程中的个性心理特征;而心理过程又可分为认识、情感、意志三个子系统,三者之间相互联系、相互渗透,前者决定后两者,后两者对前者有反作用;就认识过程来看,它又可分为感知觉、回忆、再认、思维等过程,其中每一过程又是一个可继续分解的小系统。既然人的心理是一个由不同层次、序列组成的客观系统,该系统的整体特征与规定又寓于组成要素(过程)的相互联系、相互作用之中。那么,欲客观地研究人的心理系统,以揭示其本质规律,就必须采用适合于研究有序整体的系统方法。

此外,系统论面对的研究对象大多为开放系统,因此系统方法提倡历时性原则,即系统状态随时间发生变化,用数学语言来说,系统的状态、变量是时间的函数。系统方法的这一原则十分适用于对一切自然系统的研究。因为,任何自然系统不仅内部各要素之间、系统整体与其中各要素之间是相互联系和相互作用的,而且系统与环境之间也存在复杂的相互联系与相互作用。就此而言,自然界的任何物质系统都是开放系统。例如,人的心理系统从本质上讲就是一个开放的自组织系统,它不断与外部环境进行物质、能量、信息交换,使自身不断运动、变化,不断地组织与再组织,不断地协调与再协调,由此显示出多样性特征,如内隐的和外显的、有意的与无意的、群体性的与个体性的、常态的和变态的,等等。既然心理系统具有运动性与多变性特征,因此心理学研究应坚持历时性原则,才有利于揭示心理这一动态系统的特殊性与规律。事实正是如此,思维是人的智力的核心,但令人遗憾的是,人们对思维状态、结构、功能、机制等许多问题尚知之较少,原因之一是思维研究的方法有缺陷。就智力操作而言,它包括分析、综合、抽象、概括、比较、分类等一系列具体的智力操作活动,这些操作活动实质上是紧密联系、相互作用的。而传统的研究方法则将它们割裂开来,加以孤立地考察,因而未能正确地揭示思维过程的实质和规律。现在,科学家运用系统方法对思维研究提出了不少有益的建议,并取得了一些具体的研究成果,从而有力地推动了思维研究进程。

值得一提的是,系统方法在现代认知科学研究中的运用。认知科学的出现是多学科对心智进行多方位研究,并相互影响与相互渗透的必然结果。由于心智现象极为复杂,因此研究人类心智的认知科学其整体性、动态性的研究策略与系统方法的原则十分相似,现代认知科学所取得的某些研究成果在一定程度上也就证实了系统方法的有效性。例如,在知觉研究中,认知科学家把知觉与记忆、思维紧密地联系在一起,认为人的知觉活动不仅与当前的刺激信息的前后关系、背景有关,而且与知觉者原有的知识、经验、图式、主观期望、定势等有关。这样,对认识活动中的各种主、客观因素间的相互联系做了通盘考虑,增强了对心智活动的整体性认识。而传统科学对知觉的研究仅停留在知觉的概念、种类与特征等问题上,没有说明知觉与认识过程的诸形式之间的联系与作用。传统科学虽然也讲知觉的整体性,但它的含义是指对客观事物反映的整体性,而不是指心智活动的整体性。此外,认知科学还把低级的感知到高级的思维当作一个不可分割的连续整体,并试图把认知因素和非认知因素结合起来。虽然这种研究还有许多困难和问题,但把人的心智当作一个整体、一个系统看待则是可取的。这种研究思路就是系统方法的具体运用。

当前认为,系统方法能给科学研究三点启示:

第一,应把研究对象看作是一个系统,坚持从整体到部分再到整体的思维路线,即在整体意识的指导下对研究对象进行多角度、多层次、多指标、多水平的分析研究,以求对研究对象诸多要素(或单元)有全面了解。而分析具体要素时,则应看到要素与要素之间的相互联系的总和,注重要素间的联系及组合方式。这样才能克服以往那种先分析后相加的传统方法的弊端,较为客观地反映事物或现象的整体特征。

第二,复杂的科学研究对象均是以其组成部分的不断变化为存在条件的动态系统。随着时间的推移、环境的变化,任一现象(或过程)在不同时间和不同发展阶段中会显示出特定状态,因而科学研究应注意物质系统的开放性特征。要从与他物、与环境影响的联系、交往与互动中去研究对象,这样才便于把握事物或现象的产生与发展的规律。

第三,当研究对象极为复杂、难以直接对其进行分析与实验时,如有条件,可考虑用设计出来的系统模型代替真实的物质系统,利用计算机进行系统仿真,并通过对系统模型的分析、研究,反过来对真实系统的内在机制做出某种解释。

二、信息方法

面对研究对象,研究者往往可以运用不同的研究方法从不同的角度对它进行思考和研究:可以运用化学分析的方法从物质结构和组成角度去研究对象;也可以运用物理方法从能量变化规律的角度去研究对象;还可以从信息联系、信息结构的角度去研究对象。目前,在科学研究中把研究对象视为信息的传递和信息的转移过程,并通过对信息流程的分析、处理,以获取复杂系统运动规律的方法,称为信息方法。

信息方法的主要特点是,以信息概念为基础,完全撇开研究对象的物质和能量的具体形态,把研究对象(系统)的运动看作是信息变换过程,通过对该过程的分析、研究,来描述研究对象的特征及其运动规律。可见,信息方法与传统的研究方法不同,它不是用剖析研究对象的分析方法去研究事物,也不是用部分(或方面)相加的综合方法去研究事物,而是直接从整体出发,把研究对象看成是不可分割的有机整体,并用信息联系与转换的观点去综合地考察研究对象的运动、变化过程,以科学地说明复杂事物的特性。

由于任何物体均是物质、能量与信息的综合体(尤其是有机体),其存在与运动状态是信息的直接或间接的表达。因而,信息论方法所提供的思想原则有助于科学探索,能为科学研究开创新的局面。目前,信息方法所提供的思想原则已大大地拓展了研究者的思路,扩大了科学的研究领域,解决了一些用传统方法无法解决的难题。

例如,按信息论,不同事物所包含的信息是不同的,不同通道其信息容量也是不同的。通道容量是指在一固定时距内所能载入的信息量,这种信息容量可通过一定手段加以测量。不少科学研究者在信息论这一思想的启发下,对不同感觉通道及不同水平的通道容量做了大量测量,其研究成果为探索人的各感觉道的特异性、同一感觉道不同水平上的差异、人的个体差异以及外界信息传递的某些特点提供了重要线索,尤其是知觉通道的短时信息容量测定对记忆研究的巨大推动作用是鼓舞人心的。心理学家早在19世纪就开始关注"注意"的广度问题。后来,武德沃斯(R. S. Woodworth)对该现象也曾做过论述,认为人在一瞬间所能关注对象的平均数目是六至八个。但该问题并没有引起足够的重视。20世纪50年代中期,米勒(George Armitage Miller)受信息论启发,才从一个新的角度来看这一现象。他认为,人的短时记忆和通讯通道一样,在某一时刻内所载入的信息容量是有限的,但人的记忆不是以"比特"为单位而是以"组块"为单位。经研究,他发现人的短时记忆是 7 ± 2 个独立的项目(或组块),接着他又注意到信息论研究的重要问题之一是如何扩大通讯系统有限的通讯信道容量,以使通讯信道能传输更多的信息。这一注视点给他以很大启示:既然人类的短时记忆的容量相当有限,自然也存在一个如何扩大人的记忆容量的问题。这一起始于信息论的思考,使记忆研究起了革命性的变化。从此,记忆不再以研究无意义音节为主,而重点研究人如何把材料组织起来,以克服短时记忆的有限容量。在过去的研究中,被试的学习策略是应该排除的东西,因为它会干扰记忆效果,现在学习策略成了研究的主要课题。过去,人们注意的是外在刺激如何形成联合,现在注意的中心已转向内部的心理结构。可见,信息论的思想方法使记忆心理学的研究方向有了根本性转变,这种转变对于心理学摆脱经验科学的层次而迈向理论科学的行列起了积极的推进作用。

信息方法给科学研究以重要启发的又一思想是信息流程分析。信息方法把研究对象视为信息传递和信息转移进程,并主张对信息流程进行分析研究,以认识复杂系统的内部结构。这一研究思想被引入心智研究后,使研究者找到了一种能探索认知系统内部结构的方法,即控制作用于认知系统的刺激形式与刺激时间的同时,检测认知系统的反应形式与反应时间,并根据刺激与反应之间的内在联系,来分析认知系统内在的信息流程,以推测认知系统可能具有的内部结构。现代认知心理学获得的许多重要成果,如"感觉记忆系统"、"短时记忆系统"都是在分析信息流程的基础上所发现的。

信息方法也使认知系统内信息加工方式的研究略见端倪。如认知科学家斯腾伯格等受信息论中关于信息加工方式的启发,提出了认知系统中的两种加工方式:串行加工与平行加工。并对自己的假说进行了判决性实验。目前虽然在"串行加工"与"平行加工"问题上尚未获得明确定论,但这一研究方向的确定以及获得的某些推测性成果已说明信息方法在探索心智活动的内在机制方面是大有作为的。

此外,信息方法还将视觉系统的研究引向深入。人具有的知识中有90%是通过视觉系统获得的,这说明视觉在人类反映客观事物中所占据的特殊地位。但从前仅从光学角度对物体的映像到视网膜上的投影过程进行研究,现在用信息方法研究视觉系统,已详细而全面地揭示了图像在视觉系统中的变换和感受过程,从而加深了对视觉机能的了解,为解决"模式辨认"问题奠定了基础。

以上列举的只是信息方法运用于科学研究的几个侧面，但仅这些例子已足以说明，信息方法的思路是有启发性的，这些思路在科学研究中的成功应用已显示出信息方法具有重要的认识功能。为此，当我们面对科学研究课题时，其战略思路可从多方面拓展，其中之一就可运用信息方法，将研究对象的运动抽象为信息传递和转移过程，并通过对信息流程的分析、研究，或许能为问题的解决找到一条合适的途径。当然，任何事物都是一分为二的。由于人的信息加工过程十分复杂，因此一个控制参量的观测和量度往往不能做出十分肯定的结论。此外，信息方法仅仅依据研究对象外部功能的特性和行为方式来猜测内在机制，因而对研究对象内在机制的认识只能处于推断水平，而不能全面、具体、深刻地把握。所以信息方法必须与其他研究方法相配合，才能达到认识研究对象的目的。

三、"黑箱"方法

由于受科学技术发展水平的限制，目前对某些研究对象还不能从外部或打开进行直接研究，它们仿佛是一种不透明的密封箱子，其复杂的内部结构和神秘的内在机理深藏于其中，美国科学家诺伯特·维纳（Norbert Wiener）称这种研究对象为"黑箱"。

"黑箱"既不能从外部直接进行观察，又不能将其打开加以直接研究,这就限制了人们对它的认识,因此认识"黑箱"成了现代科学研究中的难题。然而任何物体都处在不同程度的状态变化之中。这种状态变化是由于物体外部的某种影响与作用引起的,那些对物体有重大影响的外部作用,在控制论中称之为"输入变量"(或输入信号),而物体的状态变化同样会成为对环境的某种作用,物体对周围环境的作用,在控制论中称之为"输出变量"(或输出信号)。如给予一个物体一定的输入变化必然会引起一定的输出变化。据此,当我们对某一研究对象不能进行直接考察时,就可以通过考察研究对象的输入变化所引起的输出变化,给出物体功能特征和行为方式的初步分析。"黑箱"方法正是从这一基本点出发来研究物体的。因此,所谓"黑箱"方法就是通过考察研究对象的输入变化所引起的输出变化而推断研究对象的内部结构和机理的方法。

"黑箱"方法从相互联系中认识事物,从而冲破了以分析为主的传统思维方式的束缚,这在研究方法上是一种突破。尤其在黑箱不能打开、解剖方法无效的情况下,"黑箱"方法更能显示它的认识功能,这就为认识某些特殊对象开辟了可能性途径。

例如,人脑是心智现象的物质基础,它具有高度的复杂性、组织性和活动性特征。依据现有的科学技术水平,人类既不能从外部对人脑产生各种心智现象的内部机制进行直接观测，也不能利用解剖方法对人脑组织所发生的心智过程进行微观水平的直接考察。况且，人脑各组织之间的分解又会引起整体功能的变化，影响心智活动的正常进行。所以肢解人脑系统整体联系的分析方法已被实践证明难以对心智现象的内在机制做出客观判断。而"黑箱"方法却能在不干扰正常的心智活动的前提下考察心智现象的内在机制，因而对人脑系统的研究具有独特作用。

为了说明"黑箱方法"的有效性及其运用于人脑研究的具体步骤，我们先剖析一个范例。

"注意"是当代认知科学研究的热点之一。注意的特征之一是选择性，利用注意这一特征能实现对刺激信息的舍弃并调节行为。然而，人的认知系统是一个"黑箱"，注意的选择机制究竟发生在认知系统的哪一环节并不能被直接观测。1958年，英国心理学家唐纳德·布罗德本特(Donald E. Broadbent)利用黑箱方法对注意的选择性机制进行了实验研究。他采用双听技术给被试的两耳同时呈现一定刺激：左耳输入2,6,1；右耳输入7,9,5，然后立即让被试再现。他发现，被试可应用两种再现方式：(ⅰ)以耳朵为单位分别再现左右耳所接收的信息；(ⅱ)按双耳同时接收信息的顺序成对地再现。以第一种方式再现的正确率为65％，以第二种方式再现的正确率仅为20％。如果事先不对被试规定再现方式，则多数被试采用第一种方式。根据实验结果，布罗德本特结合有关知识认为，人的双耳是分隔开的两个信息通道,每次只能有一个进行工作,因此人是一个串行的加工器。但是,人具有一种补偿能力,即存在一个能够将原始数据存储几秒钟的缓冲记忆,这种缓冲记忆允许人们在一个信道接收信息的同时,将另一信道接收到的信息保持片刻,随后当一个信道的信息加工完毕后,所保持的另一个信道的信息能够被重新提取出来进行加工。据此,布罗德本特提出了一个"过滤器模型",对注意的选择机制做了推测,即来自外界的信息经感官到达短时存储器进行暂存,然后经过选择性过滤(注意)将无用的信息"滤掉",仅让那些要进行认知分析的信息进入知觉。布罗德本特的注意模型尽管被后人一再修正,但它对后来的"注意"研究却产生了积极的推动作用。

分析上述范例,我们不难发现,"黑箱"方法运用于科学研究的三个基本步骤:

第一,确定"黑箱"。由于事物或现象之间处在相互联系之中,我们如将某一事物或现象作为黑箱来研究,就必须判断它与其他事物或现象的相对边界,把它作为一个相对独立的整体系统从联系之网中分离出来,同时又要选定研究对象与环境之间的主要通道,即把环境对研究对象的种种影响看作"输入",把研究对象对环境的种种影响看作"输出"。一旦确定了研究对象的相对边界,联系通道及输入、输出,就意味着确定了"黑箱"。

第二,可采用观测方法来考察"黑箱"。具体做法是,在"黑箱"不受干扰的情况下观测其刺激(输入)和反应(输出),取得刺激和反应变化的数据。为了使"黑箱"的特性充分显示,有时可有目的地对研究对象施加一组典型的测试信号(如改变刺激呈现的时距),再观察其功能或行为变化,以便从中获取研究对象的有关信息,并将所获信息作为认识黑箱的依据。

第三,利用观测取得的相关数据,结合对"黑箱"的原有知识,建立起有关"黑箱"的模型,如动态模型、数学模型、框图模型等。然后,依据模型研究结果,对"黑箱"(即研究对象)的内在结构和机理做出某种推测,提出科学假说,且对"黑箱"的未来变化、状态及其发展趋势做出某些预测。

可见,对于那些不能从外部或打开进行直接研究的对象,研究者可采用"黑箱"方法,将各种形式的外部影响作用于研究对象(输入),观测研究对象的状态反应(输出)特征,并利用观测所获得的数据对研究对象内部的状态变化或结构做出某种推测,这有助于探索此类研究对象的本质与规律,为形成科学定律提供条件。

不可否认,"黑箱"方法与其他方法一样也有自身的局限性。由于它只凭借物质系统的外部功能特性和行为方式来推测复杂系统的内在机理,而复杂系统的外部功能与内部结构、过程之间并不存在严格的对应关系,所以运用"黑箱"方法来推测复杂系统的内部结构、过程时常会出现错误。因此,"黑箱"方法需要与其他方法相结合,才能取长补短,增强研究结论的可靠性程度。

四、功能模拟方法

所谓功能模拟,就是在未弄清或不必弄清原型(即研究对象)内部结构的条件下,仅以功能相似为基础,用模型来再现原型功能的研究方法。

模型与原型之间的功能相似可分为两种:功能同构和功能同态。前者指模型与原型之间在输入、输出及其相互关系方面有某种一一对应关系;后者则指用简化的功能模型来模拟原型的功能。由于要做到功能完全同构是困难的,所以在科学研究中多数采用功能同态模型。

功能模拟具有不追求模型的结构与原型相同这一特点,因而能克服结构模拟中所碰到的种种困难。对于心智现象的物质载体——大脑那样复杂的大系统,其内部结构难以复制,显然难于运用结构模拟方法来再现人脑的功能。而运用功能模拟方法则可在未弄清人脑内部结构的条件下,建立有关对象的技术模型,用模型来模拟人脑的部分功能,并通过对模型的实验研究,来揭示原型的特点和属性,推断其过程、结构和机理,预测其未来行为。可见,功能模拟能为研究心智现象的内在机理提供新的思路。

从现状看,功能模拟方法在现代科学研究中的作用主要体现在两个方面:

首先,功能模拟方法有助于认识复杂系统的内在机制。一般说来,每当我们在模拟道路上取得某种成就时,这种新成就可以反过来启发和推进对复杂系统本身的研究和认识。这是因为,通过功能模拟建立起来的新的技术模型既能模拟原型的部分功能,又能作为原型的研究工具,反过来对原型的特点、结构、活动机制进行模拟分析。例如,1956年艾伦·纽厄尔(Allen Newell)和希尔伯特·西蒙(Herbert Simon)利用编制的计算机模型——"LT"研究"问题解决"取得初步成功后,不少研究者纷纷运用功能模拟方法建立了不少心智模型,并借助模型认识原型本身,取得了可喜的进展。可见,通过模型来研究原型尽管是间接的,但在直接研究原型有困难的情况下,研究模型对于认识原型确能起到一种桥梁作用。

其次,功能模拟方法有助于检验、修正科学假说。根据经验事实,通过合理的逻辑加工所形成的旨在反映研究对象内在机制的科学假说,在功能模拟的思路尚未提出之前,是难以被检验与修正的。而现在,只要遵循功能模拟原则,将科学假说所反映的实质性内容转化为功能同态模型——计算机程序,并通过计算机模拟,就能对科学假说进行一定程度的检验、修正。

计算机模拟的前提是建立在人脑与计算机可作类比的基

础之上的。有人认为尽管计算机的硬件与人脑的神经结构不同,但却可以把计算机与人脑进行类比。理由在于,人脑与计算机都是信息加工系统,既然人脑的工作原则和计算机相同,那么把人脑与计算机作类比是合乎逻辑的。

人脑与计算机究竟能否作类比曾引起了不少争论。有人持批判态度,如诺曼(Donald Arthur Norman 1981)认为,将人看作符号系统是不够的,人具有生物基础和演化的历史,因而生命系统(人)需要维持生命,要从环境中取得食物,保持自身,繁衍和教育后代,这些都是通过具有调节系统的生物结构来实现的。调节系统是一种内在的稳态系统,它与认知系统相互作用,以做出对环境的解释与维持内稳态行为。所以生命系统具有目的、愿望和动机,能选择有趣的任务以及与目的有关的作业,可控制心理资源的分配、适时启动和结束有关活动。以此为理由,诺曼批评将人看作纯粹的智能有机体,不赞成将人脑与计算机作类比。

有人(如西蒙)则对这种类比表示赞同。他认为,符号系统(即物理符号系统)如果能表现出六种功能:输入符号、输出符号、存储符号、复制符号、建立符号结构、条件性迁移,那么它就是一种有智能的物理符号系统。由于计算机能表现这六种功能,因而计算机是有智能的物理符号系统。反过来,如果一个系统有智能,那么一定能表现出这六种功能。人是有智能的,所以人也是一种有智能的物理符号系统。既然如此,完全有理由将人脑与计算机作类比。

笔者认为,如将人与计算机作简单类比,显然是错误的。理由在于:其一,诺曼认为,生命有机体存在一个调节系统,该系统与认知系统相互作用,影响人的认知,这种看法尽管粗略且是假说,但人体内这种调节系统无疑是存在的。如果撇开人的社会和生物特性而进行人与计算机类比,这恐怕很难真正地认识心智现象的内在机制。第二,即使从人脑与计算机的功能对比着眼,两者也有很大的区别。计算机对信息具有操作快、精确、能长期保持、易于提取、表征详尽与严密等特征,而人脑在相应功能方面与计算机相比相差甚远。但人脑却具有很强的适应性,能发现新问题,吸收新知识,而计算机却不具有这些特征。所以计算机绝不能完全代替人脑的功能,而只能作为人脑功能的一种补充。既然如此,把人脑与计算机作简单类比,试图通过计算机来全面揭示人的认知系统的内在机制显然是不可能的。

不过以笔者之见,如果因为人与计算机之间存在某些不可类比的特征,而因此全盘否认人-机类比的可能性,恐怕也不是明智之举。因为,人的认知过程与计算机的信息加工过程确实存在某些相类似的特征,这是可作类比的客观依据。现代认知科学家借助现代科学背景看到了这种相似点,并试图通过这种类比,为研究人的认知系统的内在机制开拓了一条新的途径,这不能不说是一种大胆的设想,在思维方法上具有独到见解。而事实也证明,现代认知科学的研究成果已能较好地说明人的认知过程,对人的认知系统的内在机制的认识也达到了前所未有的深度与广度。这一人类认识史上的重大进展,在一定程度上应归功于人-机类比途径的开拓。此外,我们还应承认,任何类比总是有条件的,总是在一定范围内、一定层面上的类比,总要撇开与舍弃一些因素或方面,并把类比的对象从相互联系、相互制约的系统中抽取出来,因而类比不可避免地会出现一定的局限性。既然如此,那么人-机类比尽管存在某些局限性,但不应完全否认类比本身。正确的态度应是在承认人-机能作有限类比的前提下,注重类比的局限性,并正确对待、仔细分析类比所获结论的有效范围,充分考虑心智现象的复杂性、整体性与多层次性特征。

所以,现代认知科学将人脑与计算机进行类比,可以看作是研究方法的一次突破。它所具有的意义主要不在于主张研究人内部的心智机制,而在于为研究这种机制指明了一个方向,开辟了一条新的途径。从这意义上讲,人-机类比尽管存在这样那样的不妥之处,但它能给人以新的启发,有利于找到研究的突破口,加速研究的进程,这是不可否认的。

就目前而言,人脑研究中的计算机模拟至少有三点是值得肯定的:其一,计算机模拟把原来是抽象的不可捉摸的心智事件置于与物理事件同样的理论体系中来加以客观描述和具体研究,这样就在研究具体事件的计算机科学和研究抽象事件的人脑科学之间架起了一座桥梁,为认识人脑内的活动机制开辟了一条新的通道。其二,计算机模拟能在一定程度上检验认知理论的客观实在性。由于脑科学研究对象的特殊性,长期以来,思维和智能行为的实验研究很难进行。这类实验费时长,易受干扰,往往只能依据可供观察的少数事例做出一些描述性结论。即使形成了有关理论学说也因无有效的检验方法而束之高阁,不能发挥其应有的认识功能。现在,利用计算机模拟能把"黑箱"转移给机器,即把某些待证的认知理论改编成计算机程序,输入计算机。由于计算机程序的编制原则与产生模拟行为的原则相同,因而在相似的情景之下,计算机的操作模式在功能上类似于人从事的作业活动。这样,经计算机操作如果获得预期的"输出",便证明计算机程序的原型(即认知假说)是正确的;如果"输出"与预期不一致,则说明现有的认知假说被证伪,需修改、补充。由此通过计算机模拟的反复进行,一个待证的认知假说就能得到一定程度的证实或证伪、修改或补充,使之逐渐完善。可见,在当前直接深入到人脑内部认识心理机制的手段尚不具备时,认知心理学倡导用计算机模拟来检验认知假说,无疑是一种大胆的尝试。也许利用模拟手段并不能给认知假说以绝对性检验,但由于计算机程序所包含的具体的运算步骤,严密、详尽的逻辑规则使计算机模拟在检验与发展认知假说中,多少能起到一点积极作用,这恐怕是无可非议的。例如,纽厄尔和西蒙(1956)编制的能模拟人的启发式搜索问题解决的计算机程序——"LT"、费根鲍姆(Edward Albert Feigenbaum, 1960)编制的能模拟人类配对联想学习过程的"EPAM"程序、安德森(John Robert Anderson, 1973)编制的能模拟人类语言过程的程序——"HAM"等对于认识和检验心智活动机制都起了积极的推动作用。第三,计算机模拟能提高研究者对认知活动的研究水平。计算机模拟中,计算机产生的某些结果能显示出原有理论研究中所忽视的问题。例如,经计算机模拟发现,计算机对问题的理解和建构一个问题空间的起始过程,主要依赖于将当前的问题与以前碰到的问题作类比,把它看作是过去解决过的类似问题的同构物。这说明各种转换问题都是彼此同构的,而这一点在过去的研究中却被忽视了。所以在计算机模拟中,只要研究者勤于思考,善于分辨,就能发现新的问题,获得新的认识,使研究工作向更广更深的领域发展。

计算机模拟尽管能为认识人脑内部活动机制与检验认知假说提供新的途径,但从理论上讲其可靠性程度确实令人怀疑:其一,按计算机模拟的逻辑,如果计算机与人在某种作业上的操作模式在功能上相等,那么该计算机程序便客观地反映了引起相应行为的人的内在心智过程。但以笔者之见,即便能表现出与人的外部反应基本相似的计算机程序也未必是人的心智"原型"的"对应物"。因为,生命科学的许多事实表明,有机体的外部表现与内在的活动机制并无严格的线性关系。不同的内部机制可产生相同的外部表现;反之,同一内部机制也可产生不同的外部表现。生物化学对"分子结构"与"生物功能"的研究,分子遗传学对"基因型"与"表现型"的研究都能给我们许多启示。由于有机体内在机制的复杂性,经计算机模拟被证实的心智模型充其量仅是对人心智机制的一种解释,但绝不是唯一的解释。从该意义上讲,计算机模拟只能用于提出"假说",而不能作为检验"假说"的最终手段。由于计算机程序本身就是同其他方面的理论成果相结合的产物,在逻辑出发点上包含了其他特征的理论因素,所以其验证结果不能完全判定受检对象正确与否。其二,模拟是"人造"的试验手段,它所依据的不是现象系统本身及其存在的实际环境,而是作为现实系统映像的系统模型以及相应的"人工"环境。显然,模拟结果的正确性程度完全取决于模型和输入数据是否客观、正确地反映现象系统。然而,目前的计算机模拟几乎都是以心智实验的口语记录为依据。这种口语记录即便是出声思考的即时性记录,所涉及的也仅是反映在人的意识之中的那些操作和步骤,而人在问题解决中所进行的实际操作是否局限于这些步骤却不得而知。另一方面,即使依据相对完整的口语材料来编制计算机程序,也必须将口语材料进行转换,即对被模拟的心理特征进行简单化、形式化、符号化处理。但一经这种处理,那些无法被形式化、符号化的心智特征(如情感、情绪、意志、性格、动机等)则被舍弃了,而这些特征恰恰对人的认知活动有极为深刻的影响。此外,研究者受自然原型启发而做出科学发现的认识过程也不可被完全模拟,因为创造性思维活动不能完全被符号化、形式化,因而不能真实地被改编成计算机程序。还有人际因素、"生态效应"、"知识背景"等对人的认知活动也有重要影响,但目前都不能将其真实地转化为那种指导计算机工作的符号结构。既然计算机模拟只能是一种近似的模拟,绝非是真实过程的再现,那依据目前的计算机模拟水平是不可能客观、全面地揭示人的心智活动的内在机制的,这恐怕是计算机模拟在心智研究中未获得普遍推崇的重要原因之一。

可见,对计算机模拟应做辩证分析。在研究心智机制尚未有更为直接、更为有效的方法时,因计算机模拟能为我们提供一些假设性的结论,能启发我们去思考一些新的问题,这确实对认识心智活动的内在机制能起到积极的推动作用。但是,如果认为计算机模拟的就是人脑活动的真实机制,或者对心智活动机制的探讨仅停留在计算机模拟水平,那就不合适了。

目前,不少研究者对计算机模拟方法及其研究成果提出了种种不同的见解,或许这种不同见解的争论还将继续下去。但应该承认,计算机模拟所开拓的研究心智活动内部机制的方向,以及为实现这一研究目标而提出的种种富有特色的研究思路,对我们深有启发。作为一个科学研究者,如想在研究中有所发现、有所创新,不仅需要提出研究目标,更要善于提出达到目标的方法。只有在研究方法上有所创新与突破,才能开创研究工作的新局面。

五、反馈控制方法

一切自动系统在内外诸因素的作用下,往往不能稳定地保持或达到所需要的状态。为此,必须对系统施加一定作用,这种作用称之为"控制作用"。实施控制的重要形式是"反馈"。所谓"反馈",就是系统的输出通过一定通道返送到输入端,从而对系统的再输入和输出施加影响的过程。利用"反馈"对系统实施控制,即为反馈控制方法。

反馈控制方法在工程技术研究领域内早已为众人所知,但在人自身的研究中却很少有人自觉地加以运用。其实,反馈控制方法运用于人体研究不仅是可能的而且是必要的,因为人体系统是一个开放的自控系统。它一方面使环境发生某种变化;另一方面它又主动地利用这种变化,以调整对环境的作用方式,使自身处于相对稳定与最佳状态。这就是说,"反馈控制"是人体系统维持最佳状态的基本方式。例如,一个人在进行随意活动时,只有知道动作的结果,才能调节它的准确性;学习过程中,只有知道学习结果方能使学习得到改进和提高。可见,人的行为方式必须依靠"反馈"来控制。既然在人体系统中反馈控制机制是一种客观存在,那么要认识这种机制,就必须借助于反馈控制方法。

运用反馈控制方法研究人体现象,其意义主要体现在两个方面:

其一,运用反馈控制方法能对某些心理现象做出较为合理的解释。例如,任何创造性思维活动最初均由外部信息的输入所引起,即产生解决问题的愿望。接着须将信息贮存于大脑(即记忆),同时又要选择性地提取大脑中原先贮存的内部信息(即与待研究对象相关的知识经验),然后对外部信息进行加工、处理、变换,形成新概念或新设想,寻求解决问题的新途径和新方法,并对外界做出反应(即输出信息)。在信息的正常流通中,由于反馈信息的存在,对人脑思维活动的过程进行有目的的适时调节与控制,以达到最佳的思维活动状态,实现思维效果的最优化。可见,用反馈控制观点来解释创造性思维活动具有一定的合理性,也有助于我们更深刻、具体地了解思维活动的规律。此外,如生理学中的"反射环"概念,社会心理学中的"从众心理效应",视觉研究中的"瞳孔光量控制"等都体现了"反馈控制机制",因而运用反馈控制方法才能对它们做出较为合理的解释。

其二,运用反馈控制方法有助于发现、揭示新的规律。例如,认知科学家自觉地将"反馈控制"概念运用于情绪研究。现在发现,人为地表现某种面部表情能导致与其相应的情绪体验的产生或增强,这种人为表现的面部表情对情绪体验具有反馈效应的观点,称为"面部反馈假说"。尽管这一假说现在学界颇有争议,但该假说已注意到面部表情与情绪体验之间的反馈效应,因而为利用面部表情的反馈效应调控情绪体验提供了一种可能。诚然,学习与记忆研究恐怕更能体现反馈控制方法的有效性。学习与记忆的效率取决于信息输入与输出之间的各加工环节和由反应器→环境→感受器所构成的反馈环节之间的相互作用。显然,要提高学习、记忆效率必须注重学习、记忆中的反馈环节。目前一些研究者在学习与记忆的具体研究中虽然尚未自觉地运用反馈控制方法,但他们的某些研究思路却在一定程度上与反馈控制思想相一致。例如,后摄抑制、尝试背诵之类的研究实质上是在探索学习、记忆过程中的反馈机制,并试图利用反馈机制来提高学习效率。

既然"反馈控制"是一切自控系统客观存在的调节机制,那么无论在机械控制系统还是人体控制系统研究中,自觉地运用"反馈控制"思路是十分必要的。它一方面有助于我们对业已发现的心智现象做出更为合理的解释,以求深解;另一方面也有助于我们寻找到新的研究课题,确立新的研究方向,探索新的规律。

六、数学方法

现代科学研究中的理论思维往往与数学的应用紧密相关,数学的应用有助于了解和研究自然现象,就此而论,数学对科学研究具有方法论意义。数学作为理论思维的方法,在科学假说形成中具实际意义。一般认为,数学作为提出科学假说的方法其认识功能主要体现在两个方面:

其一,是利用统计推断提出科学假说。统计推断是在随机抽样的基础上,以部分资料推断总体特征的方法。总体常是科学的研究对象,然而实施研究时则须从总体中选取样本,尔后以样本资料为基础,通过统计推断,对总体的某种特征做出推论与判断。由于样本资料对总体而言并非是绝对可靠的,因此依据样本去推断总体特征会带有一定程度的不确定性。从这一意义上讲,统计推断在科学研究中只是提出科学假说的方法之一。

其二,是利用数学模型提出科学假说。所谓数学模型,就是以简化的形式语言对一个系统的本质特征或基本过程进行数量方面的描述。它是依据经验材料,经过数量处理、抽象而得出的反映对象运动规律的数学表达式或具体算法。利用数学模型可以把一个科学问题抽象为数学问题,对现象的研究转化为应用数学工具对数学模型的研究,并通过对模型的修正逐步对某一现象做出某种推测性的理论概括,所以建立数学模型是提出科学假说的方法之一。例如,韦伯(Ernst Weber)为反映差别阈限与标准刺激之间关系而提出的数学方程式:$\Delta I/(I+a) = K$;费希纳(Gustav Theodor Fechner)为反映主观感觉量与客观刺激量之间关系而提出的数学方程

式 $S = k \lg R$ 等，都属具有假说意义的数学模型。它们既对现象的发生具有不同程度的预见作用，又将接受科学事实的检验与修正，韦伯将数学方程式 $\Delta I/I = K$ 形变为 $\Delta I/(I+a) = K$，就是典型例子。

运用数学模型提出科学假说一般要经历三个环节：

第一，根据研究对象的特点，运用数学语言将所研究的对象系统或过程抽象为一个数学问题，建立合适的数学模型，这是运用数学方法的关键，也是最困难的一步。为了把具体的科学问题抽象成较为理想的数学模型，可依据有关理论学说先确定研究对象的几个基本量，以刻画研究对象的状态、特征和变化规律。然后，针对要解决的特定问题，分辨哪些量和量的关系是主要的，哪些是次要的，从中突出主要因素和关系，而暂且摒弃那些可以略而不计的因素。接着，再分析主要量中哪些是变量，哪些是常量，哪些是已知量，哪些是未知的待求量。最后，对有关量做进一步简化，才能构成一个待解的数学表达式。实质上，提炼数学模型的过程，就是对研究对象进行具体分析，通过科学抽象寻找一个能反映问题的本质特征，同时又是一个理想的简化了的数学方程和算法的过程。

第二，模型是对研究对象简化抽象的结果，这种简化抽象是否合理，其解是否能准确地反映客观实际是不得而知的，因此数学模型建立后必须进行检验与求解。较简单的数学模型可直接求解，而复杂的数学模型则须利用电子计算机求解方程,并寻找参数,修订模型。

第三,对求得的数学解进行评价和解释,以形成对实际问题的判断和预见。评价某一数学模型实质上并无一个绝对标准,通常以实践来判定其是否正确地、本质地反映了某一现象或过程。如果一个数学模型经过求解与验证是相对正确的,那么它就能对某一科学现象做出解释,还能提出某种预言。当然,由于现象的复杂性,成型的数学模型仍须不断接受经验事实的检验、不断修正,使之不断完善。

以上分别论述了科学研究中最常用的三大类思维方法。由于科学研究的复杂性,要真正有效地揭示自然事物或现象的本质与规律,做出科学发现,进而构建科学定律,还须用到其他一些方法。当然,各种方法的运用往往是相互补充的,很难说某一研究阶段仅用了某一种方法。所以,熟练地掌握各种方法及其注意事项对于研究者加速科研进程、有效地发掘自然规律是大有益处的。

第五章
科学定律的认识功能与发展形式

第一节 科学定律的认识功能

科学定律作为科学研究活动的认识成果及其知识单元,其具体价值主要体现在三个方面:

一、解释功能

科学定律的解释功能是指能对自然事物或现象及其成因做出某种合理的解释或说明。科学定律是对众多事物或现象进行概括而形成,并经科学事实反复检验、被证实而确立,因而科学定律较为正确地反映了事物或现象的普遍本质及其产生、变化和发展的一般规律。正因为如此,凡科学定律都能对相应领域、范围和类别的事物或现象做出某种科学解释和理论说明。

例如,电子学中最重要的科学定律是麦克斯韦方程组。该方程组是由英国物理学家麦克斯韦(James Clerk Maxwell)

所创建。就实际内容而言,该方程组包括四个定律,即高斯定律、高斯磁定律、麦克斯韦——安培定律与法拉第感应定律。由于麦克斯韦方程组揭示了电场和磁场的基本特性及其本质联系,因而该方程组在实践中能解释许多经验事实,诸如电荷如何产生电场,磁单极为何不存在,电流和时变电场怎样产生磁场以及时变磁场如何产生电场等等。

科学定律的解释功能可体现在诸多方面,如自然事物的演变关系,即科学定律能对事物或现象的发生(或起源)、发展、演化、转变等做出合理解释;自然事物的因果关系,即科学定律能对事物或现象之间客观存在的相互联系和相互制约的因果联动做出相对正确的解释;自然事物的现象-机制关系,即科学定律能对现象产生的机制及其内在过程做出某种合乎逻辑的推测性(即以事实为依据)的解释。

科学定律具有解释功能,但对待"解释"必须持有辩证态度。当某种科学定律在适用范围内被大量经验事实所证实,而暂时无一反例时,这种科学定律必然能较为圆满地解释大量现象、事实。正因为如此,某些研究者往往会有意无意地夸大该科学定律的解释功能,企图追求一种不受任何约束的普遍性,这显然是错误的。相反,当一种科学定律遭受无法解释的反例时,有的研究者则会一反常态,认为反例已彻底推翻了该科学定律,因而完全否认该科学定律在一定范围内的适用性与解释功能,这也是错误的。

不同的科学定律由于所反映的物质层面的规律不同,其所发挥的解释功能的适用范围有明显的区别。有的科学定律只能解释某一物质系统中的某一现象,此类科学定律的适用范围相对较窄;有的科学定律概括程度相对较高,能解释更为普遍的经验事实,如化学中的质量守恒定律就能解释化学反应的本质——生成新物质,并较为精确地解释化学反应前后物质的质量变化规律;有的科学定律则具有更为宽广的概括性,其解释功能触及的范围更广,如万有引力定律便是如此。

二、指导功能

马克思主义哲学指出,认识世界的目的,不仅在于说明世界,重要的还在于改造世界。人类研究自然、探索自然奥秘、掌握自然规律,形成作为知识的科学定律,目的在于以规律性知识为指导,在进一步认识自然与改造自然中取得成功,实现预设的行为目标。由于科学定律揭示了自然事物或现象的内在规律,揭示了现象间的联系与发展趋势,因而科学定律能对科学实践活动发挥其应有的指导作用,这种指导作用大致体现在认识自然与改造自然这两个方面。

首先,科学定律作为人类认识自然的成果,不仅能为人类提供有关客观自然对象的知识与图式,而且这种知识与图式又能成为人类进一步认识自然对象的先导与方法。其实,科学研究活动中,无论是研究课题的选择、观察与实验的构思与设计,还是经验材料的处理或做出分析结论,都需要接受理论学说(包括科学定律)的指导,并严格遵循科学定律。科学研究如不以理论学说为理性思维的依据,科学研究的任一环节都将寸步难行。即使在确定研究课题时,也须遵循科学性原则,即不能与被反复证明为相对正确的科学定律、科学原理相违背,否则可能以失败而告终。所以,科学定律对科学研究实践的指导不仅是一种可能,而且是一种必然。

其次,科学定律能引领并指导人们在利用与改造客观对象的实践活动中取得成功。科学定律所揭示的自然规律能成为人们利用与改造自然的手段,并通过技术工程的设计和实践,进而转化为对自然的现实的利用与改造,取得相应的成果。例如,凭借牛顿定律,就能根据太阳围绕银河中心做旋转的速率计算出整个银河系的近似质量,为宇宙开发与航天事业的发展提供具体指导。而微电子学中的"等比例缩小定律"对科学实践的指导意义更为明显。等比例缩小定律的科学内涵是,等比例地缩小 MOS 管(电子元器件)的沟道长度和宽度,MOS 管的电学性质(指产生的电流 I 随外加电压 V 的变化关系)不变。由于该定律揭示了一个重要发现,即等比例地缩小器件的沟道长度尺寸,不仅能使单个 MOS 管的尺寸大大缩小,而且又能保持其电学特性,从而圆满解决了随着 MOS 管数目增多所产生的芯片面积和功耗随之提升的难题,由此对微电子技术的发展产生了深远影响。当前,该定律提出的微缩方式已成为整个科学界微缩理论的前提条件,此后的恒电场、恒电压、准恒电场等微缩学说,均是在 MOS 管的宽度、长度、栅氧化层厚度按同一比例缩小的前提下提出的,这足以说明该定律对电子元器件的设计所具有的引领作用。

科学定律的指导功能始终是在实践的基础上进行的。只有将科学定律反映的实质内容与具体实践紧密结合,科学定律才能发挥其应有的指导功能。这是因为科学定律所反映的是现象的一般规律,而科学研究中所面临的则是具体而复杂多变的实际问题。因此,怎样使科学定律反映的实质内容付诸实践,使科学定律能融化在具体的策略、方针、计划、步骤和方法之中,是科学定律能否发挥其指导功能的关键。此外,伴随着现代科学的发展,一方面各分支学科正在不断分化,研究方向越分越细;另一方面学科间又相互渗透、相互交叉,研究课题表现出高度的综合性。因此在现代科学的任一研究领域中,要想获得重大的科学发现或突破,都必须根据实际需要,把众多科学定律加以组合运用,发挥多种科学定律的综合指导功能。

三、预见功能

唯物辩证法认为,规律具有客观性,是不以人的意志为转移的;规律具有稳定性,是事物内部本质的必然联系;规律具普遍性,是千差万别中的共性和一般;规律具重复性,只要具备条件,本质的联系就会反复出现。由于科学定律是客观规律的正确反映,因此凭借科学定律能对事物或现象的变化特征及其发展趋势做出相对正确的预测,科学定律的这种预测效应即为预见功能。

科学史上,凭借科学定律做出正确预见的事例不计其数。例如,1845年,法国天文学家勒威耶(Urbain Le Verrier)和英国天文学家亚当斯(John Couch Adams)依据牛顿三定律与万有引力定律,曾预见在天王星之外,离太阳更远的地方可能存在一颗未知行星。1846年9月23日,德国柏林天文台助理员伽勒(Galle Johann Gottfried)在勒维勒预测的位置上,果然发现了这颗新的行星,取名为"海王星"。又例如,俄国化学家门捷列夫依据"元素周期律",预言了许多当时尚未发现的元素的存在,后来这些元素一个个地都被先后发现了。

一般认为,科学定律的预见功能主要体现在两个方面:

其一,科学定律能预测符合某种规律的事物或现象必然会发生。例如,依据遗传学上的分离定律和自由组合定律就能正确地预见一对夫妇的子女应有的血型。因为,人类的血型严格地遵循遗传定律。人的血型可分为 A 型、B 型、AB 型和 O 型。依研究得知,ABO 血型至少受三个等位基因所控制。这三个等位基因分别为 I^A、I^B 和 I^i。依据分离定律与自由组合定律,这三个等位基因在遗传中经分离与组合,便能形成六种基因型,即 $I^A I^A$、$I^A I^i$、$I^B I^B$、$I^B I^i$、$I^A I^B$ 与 ii。由于 I^A,

I^B 基因在杂合子代中都能得到表达,因而为显性基因,所以六种基因型实际上仅显现为四种表现型,即 A 型(I^AI^A、I^AI^i)、B 型(I^BI^B、I^BI^i)、AB 型(I^AI^B)和 O 型(ii)。可见,依据分离定律和自由组合定律便能准确地预见一对夫妇其子女应有的血型,即如果父母双方都是 O 型,其子女的血型只能是 O 型;如果父母双方的血型均是 AB 型,其子女的血型不可能是 O 型;如果父亲的血型是 AB 型,母亲的血型是 O 型,其子女的血型可能是 A 型也可能是 B 型。从中,显示了科学定律明显的预见功能。

又例如,伴性遗传定律揭示,色盲基因位于 X 染色体上。由于女性有两条 X 染色体,如果其中一条 X 染色体上有一个色盲基因,而相对的另一条 X 染色体则是正常的,那么该女性虽然带有色盲基因,但并不会发病。而男性则不同,男性只有一条 X 染色体。如一个男性的这条 X 染色体一旦带有色盲基因,他必然会发病,显示为色盲,所以色盲是男性发病、女性遗传。依据伴性遗传定律提供的规律性知识,便能较为准确地预见色盲遗传的路径,即当患有色盲的男性和正常的女性结婚后,他们所生的男孩都不会带有色盲基因,而女孩则带有色盲基因;如带有色盲基因的女孩长大后和正常的男性结婚,那么,他们所生的子女中就有一半带有色盲基因。于是,清晰地预示了色盲这种遗传性疾病的传递路径,即男人色盲基因不会传给儿子,只会传给女儿,但女儿不显现色盲,她却能生下患有色盲的孩子。

此外,在记忆活动中,记忆材料无论如何纯熟,随时间进程,遗忘必然会发生,而遗忘的进程总会显示出"先快后慢"的特征。同样,光的"折射定律"也能预见,光在经过两种媒质的平滑界面上发生折射时,其入射角的正弦同折射角的正弦比例必定为常数。

上述所举的仅是人们熟知的几个有代表性的事例,但这些事例已能充分说明科学定律所具有的预测功能。

其二,科学定律能预测由于某种规律的存在,某些现象在一定时空条件下不会发生。例如,短时记忆的广度为 7 ± 2,由于规律的制约作用,短时记忆的项目数只能限制在一个很小的范围之内,超出这一数字范围之外的现象就很难发生。同样,热力学第二定律揭示,由于某种规律的存在,不可能制造出一种具循环动作的热机,而只能使一个热源冷却来做功,其他物体则不发生任何变化,亦即热量不可能自动地从低温物体传向高温物体。

一种科学定律所反映的和揭示的现象间的本质联系和发展规律越深刻,它具有的预见功能也就越大、越远、越客观。在这种科学预见的指导下,实践活动成功的可能性就越大。

科学定律的预见功能不仅有助于正确地指导科学实践,以实现科学研究所预设的目标,而且就科学定律本身的检验而言,也具有十分重要的意义。如果一个科学定律所推出的预见被未来科学事实所反复证实而无丝毫差错,那么该科学定律的客观真理性程度便能获得大幅提升,成为一种更为正确、更具普遍性的真理。

诚然,科学定律在实践层面所发挥的认知、指导与预见功能与任何事物一样也具有两面性。科学定律可以指导实践获得成功,却不能保证这种实践结果一定会有益于社会、有助于人类的发展。科学定律可以用来为人类造福,也可能危及人类与社会。当前,诸如生态破坏、环境污染、资源危机以及核技术的不当使用、生物技术对人类产生的负面效应等都在一定程度上与科学定律直接或间接所发挥的功能有关。科学定律的功能所产生的负面效应尽管决非是使用科学定律的必然结果,而是人类使用科学定律时的非理性行为所致,但科学定律被非理性使用造成的负面效应犹如悬挂在人类头顶上的达摩克利斯之剑,时刻危及人类及现代社会。所以,科学定律功能的发挥并不取决于其本身,而取决于掌握科学定律的科技人员的理性程度。

第二节　科学定律的发展形式

一、科学认识的历史局限性及其制约因素

科学定律作为事物或现象的本质与规律的反映,具有一定的客观真理性。然而,人对客观真理的认识总是局限在一

定时空内的认识,是具体的、历史的和有限的。正如恩格斯所强调的那样,我们只能在我们时代条件下进行认识,而且这些条件达到什么程度,我们便认识到什么程度。一般认为,科学定律作为一种认识成果,其受时代条件的制约因素主要有以下四项:

1. 科学仪器

科学研究是一种有目的的对象性活动,科学研究者在这种活动中其预期目标能否实现,很大程度上取决于能否创造和使用合适的科学仪器,科学仪器便成为科学研究活动中不可或缺的基本要素之一,成为科学认识的必备工具。尤其在现代科学研究中,随着研究领域由宏观向微观、宇观延伸,研究对象及运动形式的高速、精细与复杂化,科学仪器在研究中发挥的作用越来越重要。当前,如果没有庞大的高能加速器、先进的射电望远镜、精细的电子显微镜、准确的电子钟、巨型电子计算机等现代科学仪器,许多科学研究均无法进行。

科学仪器在现代科学研究中所能发挥的作用大致可归纳为三大方面:其一,科学仪器能延伸人类器官的功能。科学研究须准确、完整地接收、传递和加工自然信息,但人类感官在接收、传递信息方面有很大局限性,而科学仪器却能帮助人们突破感官的局限,扩大其接收、传递和加工信息的能力。例如,直接凭借人的眼睛最多只能观察到有限宇宙空间中的几千颗星,而凭借射电望远镜则能将人的视域扩大到200亿光年的宇宙空间，帮助人类探索无数河外星系团的奥秘，先后发现了人类原先不了解的类星体、超新星、脉冲星等大量星体。此外，科学仪器还能克服人类的各种"感觉阈"，将人无法直接接受和传递的自然信息转换成能接受和传递的信息，供科技人员进行观测、研究。例如，建造各种加速器，才能从事原子核内粒子碰撞实验，从而发现新的核素与粒子，揭示原子核内的机理。可见，科学仪器能在广度与深度方面极大地增强感官的认识能力。其二，科学仪器能弥补人感官在接收、传递与加工信息精度上的严重不足。人的感官功能具有相对粗糙、不精准的特征。因此，凭感官对事物的把握只能做出定性的估计。而如引入科学仪器，则能克服感觉的主观模糊性，对研究对象所反映的量度变化做出及时、精准的计量，获得丰富、精细的自然信息，这有助于获得科学发现。其三，科学仪器能代替人脑处理、加工巨量的数据资料。大数据时代复杂的科学研究所面临的数据、资料处理与分析的任务单凭人脑进行人工操作是无法胜任的，这就需要引入外源性辅助工具，使人脑功能得以有效延伸。电子计算机作为现代科学仪器就能代替人脑，行使信息储存、数据处理方面的功能，且能对科学假说的检验、科学定律的证明发挥重要作用。

正因为科学仪器在现代科学研究中能发挥极为重要的作用，因此能否做出科学发现、进而形成科学定律，在相当程度上与科研人员能否制造与使用先进的科学仪器紧密相关。于是,科学仪器也就成了科学定律所反映的实质内容(即揭示自然奥秘广度与深度)的决定性因素。

然而,科学仪器终究是一定时代的产物,即科学仪器是在一定科技、社会背景下,根据科学研究的实际需要,利用客观物质的不同属性,通过人的有目的的对象活动所创造的物质技术手段,因而一定时代创造的科学仪器,其功能与作用客观上是有限的,总具一定的局限性。这种局限性受制于三个因素:首先,是社会生产力发展水平。科学研究离不开科学仪器的使用,科学仪器的先进性程度制约着科技发展水平。而科学仪器作为物质技术手段在一定程度上受制于社会生产力发展水平。如果一个时代的社会生产力水平较低,那么社会用于解决社会成员的衣、食、住、行后就所剩无几,也就不可能有更多的物力、财力投入,去制造昂贵的先进的科学仪器。高能加速器、射电望远镜、巨型电子计算机等虽然不是物质生产固有的劳动手段,是科技人员为科学研究而设计、研制的,但制造这些科学仪器所需要的物资与资金是巨大的,只有较高的社会生产力发展水平才足以为科学仪器的研制提供物资保证,否则即使先进的科学仪器在纸面上设计出来,也会因财、物不足而束之高阁,无法成为现实。所以,科学仪器的研制要受社会生产力水平的牵制。其次,是制造科学仪器所需的技术水平。科学仪器不是纯自然物,而是利用自然物的属性,对物的自然形态进行加工、改造而制成的具特定功能的人工物。

因此,科学仪器的制造与使用既取决于人们对自然物属性的认识,也取决于人们制造科学仪器的技术水平。任一时代的科学仪器均是当时制造技术的物化形式,反映了当时制造技术的实际水平,这种制造技术水平制约着相应时代所制造的科学仪器的精度。再次,是科学研究的实际需要。随着科学技术的发展、科学研究规模不断扩大,科学研究任务也日益复杂化,科学研究所需要的仪器越来越高级、精密、尖端。科研的实际需要必然推动人们不断研制各类新型的科学仪器。而新型科学仪器的研制能从根本上转变人们对自然的认识,促使作为对自然规律认识成果的科学定律在实质内容方面有所修正、变化,推动其发展。可见,特定时代制造的科学仪器,因受制于物资、财力、制造技术水平及科学研究的实际需要的影响,其先进性与精度是相对的。随着科技与社会的进步,科学仪器必然会逐渐由低级到高级、简单到复杂、粗糙到精致,而伴随科学仪器的这种变化、发展,必然促使凭借科学仪器所做出的科学发现及形成的科学定律做出相应变化,推动科学定律所反映的实质内容做出一定修正,并向更完善化方面发展。

2. 科学研究方法

科学史表明,科学的每一重大进展几乎都与研究方法的改进不可分割地联系着,每一时代的科学发展水平总与那一时代的研究方法的发展水平相适应。所以,科学是发展的,方法也是发展的,两者相互联系,彼此促进。据此,要获得新的重大的研究成果,加速科学的发展,必须创用新的研究方法。然而新方法并不会凭空产生,它是对已有方法加以改进和引申的结果。这就需要我们对现有方法加以深入研究,在肯定它们具有认识功能的同时,又注意到它们具有的缺陷与可能产生的不利因素。在这一基点上,根据研究对象的特征与研究的实际需要,对单一方法加以改进与引申,或将多种单一方法加以有机组合,才可能实现方法上的突破。伴随着研究方法的重大进展,必将有力地推动科学的迅猛发展。所以巴甫洛夫说:科学是随着研究方法所获得的成就向前发展的,研究方法每前进一步,我们就更提高一步,随之在我们面前就开拓了一个充满着新鲜事物的更辽阔的远景。相反,如研究方法不够完善,一个新的研究领域要取得突破性进展则是很困难的。正因为科学研究方法在一定程度上制约着科学发展水平与科研成果的获取,因此随着科学研究方法的不断改进与发展,人们借助新的研究方法对自然奥秘的探索就可能由浅层次向深层次推进,对事物或现象的本质与规律的把握也将进入更深的层面。伴随人类认识水平的提升,作为科学认识成果的科学定律所反映的实质内容及其基本命题必然也会有所修正与完善,由此推动原有科学定律的形变与发展。

3. 科学实践活动

科学定律是在科学实践基础上形成,且经反复的科学实践检验而确立的科学命题。因此科学实践对于科学定律的形成及其所包含的实质内容的真理性程度具有决定作用。然而,科学实践对科学定律的检验作用既是确定的又是不确定的。原因在于,某个个人的科学实践可能存在片面性、局限性,而只有科学共同体中各种不同人的科学实践的总体对科学定律的检验作用才是比较确实可靠的。此外,科学定律尽管已获得科学实践的反复检验与论证,但科学实践的这种检验与论证作用不具有绝对性而仅具有相对性。因为,凡实践都是一定历史阶段的实践,特定历史阶段的实践由于受主客观因素的影响,其性质的不确定性与作用的有限性是非常明显的。科学实践同样如此,也是一定历史背景下的实践形式。它对科学定律真理性程度的检验同样具有历史局限性。有鉴于此,随着历史向前发展、科学实践不断深入,深化的科学实践必将对原有的科学定律进行新的检验。这种新的检验尽管仍无法对科学定律的真理性程度做出绝对的评判,但却可能使科学定律的实质内容做出相应修正或调整,由此推动科学定律的形变与发展。例如,门捷列夫发现的元素周期律早已为科学实践所证实,但随着科学实践的进一步发展,元素周期律也在不断精确化、完善化,现已不再用原子量而用原子序数来说明元素性质的周期性变化了。可见,科学实践的深入、发展推动科学定律的发展是一种必然性趋势。

4. 科学认识主体的认识进展

尽管科学定律反映客观对象的实质内容会受到科学研究方法、科学仪器的精度及科学实践的广度与深度的影响,但更为直接的影响则来自科学认识主体自身,即科学定律的客观真理性程度主要取决于科学认识主体对研究对象的认识深度。辩证唯物论认为,人的认识进程是一种反复循环、无限发展的过程。这是因为,人对客观事物或现象的认识,受主客观条件的限制,总要经历在实践基础上由感性认识到理性认识,再由理性认识到实践,反复多次,才能完成。加之,作为认识对象的客观事物或现象本身又处在不断变化之中,这就决定了人的认识必然是一个无限发展、无限深入的过程。关键在于,认识主体对认识对象要善于分析、研究,去加速认识发展的进程。正如列宁所说:"在认识论上和在科学的其他一切领域中一样,我们应该辩证地思考,也就是说,不要以为我们的认识是一成不变的,而要去分析怎样从不知到知,怎样从不完全的不确切的认识到比较完全比较确切的认识。"[21]

认识过程是人脑对客观现实的反映过程,是人的认识能力向事物本质深入的一种复杂的辩证发展的过程。科学认识更是如此,科学研究对自然事物或现象的认识须从不甚深刻的本质不断逼近比较深刻的本质,即更为根本的本质。因为

---

[21]《列宁全集》,第十四卷,人民出版社,1988年10月版,第98—99页。

自然事物的本质是有层次的。有的本质不太深刻，接近于事物的表面。有的本质比较深刻，能够体现更深层的基础。为了使认识由表层本质逼近深层的本质，必须进一步从不同角度、不同层次去搜集事物的有关材料，并对材料做更深入的思考、研究。对事物的认识就能逐渐由初级本质进入二级本质，进而由二级本质逼近更深层次的本质。例如，"燃烧"是一种常见现象，物质为什么会"燃烧"？开始人们认为，物质中存在着一种"燃素"，燃烧过程也就是"燃素"从物质中逸出的过程。后来，人们运用化学、物理理论对"燃烧"现象做进一步思考研究，认识便前进了一步，了解到"燃烧"是可燃性物质在一定温度下与氧化合的结果。这种认识已触及了"燃烧"现象的初级本质。再后来，人们借助于原子结构理论，进一步研究"燃烧"现象，了解到"燃烧"是由于物质原子的外层电子改变了运动轨道而释放出热能的缘故。这种深入到原子结构中去理解"燃烧"现象，自然要比以前的认识更进了一步，更加逼近了"燃烧"现象的深层本质。诚然，就"燃烧"现象的认识过程推移而言，当前的这种认识在将来可能会获得进一步深化。由于科学认识主体的认识是不断深化的，因此作为科学认识阶段性结晶的科学定律，尽管是自然事物或现象的本质与规律的正确反映，但终究是相对真理。真理是具体的，是不断发展的，因而科学定律也必然是发展的，而推动这种发展的动因便是认识主体认识水平的不断提升。

综上所述，受以上四大因素的影响，任何一种科学定律都是具体的、历史的，均会不同程度地受到时代条件的制约，因而特定时代形成的科学定律仅是客观规律的近似反映，是一种相对真理。鉴于此，受时代各因素制约的科学定律终将随时代因素的转变而在所设定的条件、运用范围、揭示的数量关系乃至表述形式等均会有所变化，以便能更准确地反映客观事物，因此科学定律的形变与发展是一种必然现象。

不过，针对科学定律的变化、发展需要说明的是，某些科学定律如确实为科学实践（观察与实验）所反复检验与证实，而该类定律所反映的认识对象本身在一定时期内并未有明显变化，人类针对该类认识对象的规律性知识也未获得新的进展，那么此类科学定律所表述的基本命题在一定历史时期内显然是相对稳定的，无须修正与变换，如此就无法体现科学定律的发展。然而从理论上讲，人的认识不会始终停留在某一水平上，总要随历史进程而有所变化。科学定律其内容是客观的，而形式则是主观的，主观认识要完整地反映客观规律绝非在短时期能实现的。况且，科学定律在一定历史时期内还存在一个证明不完全问题，即使被证明为相对正确的科学定律，其适用范围、前提条件、表述形式等在新的科学实践与科学发现的影响下也会有所修正。从此意义上讲，科学定律作为科学理论体系中的构成要素，必然会随科学理论的整体发展而呈现不断修正、变化的态势。

二、科学定律发展的基本形态

科学史表明,科学定律的发展会呈现两种基本形态,即渐进性发展与革命性变革。

1. 科学定律的渐进性发展

一种科学定律形成之后,它一方面能发挥其解释、指导与预见功能,有力地推进科学研究的进程及相关学科的发展;另一方面,层出不穷的新事实、新发现也将对科学定律本身进行不同程度的检验、修改与补充,使其不断完善。这种在不改变原有科学定律基本命题的前提下,使科学定律所表述的内容不断调整、结构不断完善、应用领域不断扩大、对科学事实的推断不断精确化的形变,即称为科学定律的渐进性发展。

科学定律的渐进性发展具体表现为三种形式:

其一,是科学定律表述的具体内容不断充实。科学定律在形成之初,由于受当时科学发展水平与科学定律建构者认识水平的限制,科学定律可能不够全面、完善。但随着科学研究活动的逐渐扩大与深化,不断递增的经验事实及从中提炼、概括出的新概念、新判断必将不断地被吸纳到科学定律所表述的实际内容中,使科学定律因内容充实而变得更为全面、完善、确切。开普勒三定律的依次创建正体现了科学定律因内容不断充实而形变的渐进性发展形式。开普勒第一定律是对观测事实做概括形成的经验定律。该定律把行星的运动路径描绘成椭圆,并告诉人们某颗行星的一切可能的位置,但该定律却无法确定某颗行星在什么时间处于什么位置上,即该定律论及了某行星轨道的形状,而没有谈到行星沿轨道运动时不断改变的速率,这正是开普勒第一定律的严重不足。为克服该定律的不足,开普勒期望寻找某颗行星在轨道上任一位置的速率与它在另一位置上的速率之间的数学关系。如能找到这种关系,就能以一种简洁的方式来概括行星运动的所有特征。那么,这种速率与轨道之间的关系是否真的存在？开普勒凭借刻苦工作和智慧,最终从浩如烟海的数据中悟出了所需要的"第二定律"。该定律可表述为,在相等的时间间隔内,行星和太阳的连线在任何地点沿轨道所扫过的面积相等,故该定律称"等面积定律"。等面积定律能精确地描述围绕太阳的任何行星运动,也能描述围绕地球的月球运动以及围绕任何行星的卫星运动。不过,该定律仍存在不足,即尚未揭示各行星运动之间的任何关系,尚未形成适合于所有行星的总体模式。但开普勒确信,他一定能发现联系整个太阳系的简单法则。经过长期的艰苦研究后,开普勒利用布拉赫(Tycho Brahe)的观察结果,终于发现了行星轨道的真正距离,从中概括出"开普勒第三定律"。该定律可表述为,如果 T 是选定的任一行星的恒星周期(即围绕太阳旋转一整周的时间),而 R 为该行星的平均半径,于是 $T^2 = KR^3$,其中常数 K 的值对于所有行星都是相同的。如 T^2/R^3 对于所有行星都相同,就能通过某一颗行星计算出 K 的数值,因此只要 R 给定,就能算出任何其他行星的 T 来,反之亦然。由此,运动规律变成了简单的数学定律的表述形式,使人类对运动规律的认识更为全面、精准。如比较开普勒的三个定律,我们可以清晰地发现,最初形成的第一定律是最不全面、最不完善的,但随着科学观察活动的不断扩大与深化、不断递增的经验事实及其从中提炼、概括出的新概念、新原理被吸纳到科学定律之中,使原有科学定律因内容充实而形变为后继形式的科学定律,这种因内容充实而助推科学定律形变的现象就属典型的渐进性发展。

其二,是科学定律具体内容的不断调整。任何一种科学定律都具有一定的适用范围,在此范围之内,科学定律的解释、指导与预见功能是有效的,这是科学定律具有价值性的具体体现。然而,科学定律的这种有效性只具有相对意义,随着研究实践的不断发展,即使在科学定律的原适用范围内也会不可避免地遇到"反例",发生定律与客观事实不相符合的状态。当反例不断增加时,且反例所具有的意义又触及了原科学定律的内容框架,此时科学定律就必须在不改变原基本命题的前提下,对科学定律的辅助性内容做适当调整,使科学定律消除"反常"、"反例",或扩大科学定律的适用范围,提高其运用效果,逐渐形变为一种更具普遍性、与客观事实更为吻合的科学定律。例如,心理学中的韦伯定律揭示了感觉规律,即刺激的增量与原刺激量之比是一个常数。当时认为该定律具有普遍适用性,后来发现该定律仅适用于中等强度的刺激范围,于是不少研究者对韦伯定律做了调整,使该定律消除了"反例",扩大了适用范围,与客观实际更为吻合。又例如,遗传学中的分离定律到自由组合定律再到连锁定律与互换定律,定律因内容的不断调整清楚地展示了科学定律渐进发展的基本轨迹。最早的遗传定律是分离定律,该定律仅反映了一对遗传因子在子一代或子二代中分离的规律性趋向,但却无法说明两对或两对以上遗传因子的遗传规律。而自由组合定律则在继承分离定律所揭示的遗传规律的基础上,克服了其适用范围过窄的不足,进一步揭示了两种或两种以上遗传因子在子一代、子二代中分离、组合的遗传规律。显然,自由组合定律是对分离定律的补充与发展。此后,美国遗传学家摩尔根在用果蝇作材料的实验中发现,如用各具两对性状的雌雄果蝇(黑体残翅的雄果蝇与灰体长翅的雌果蝇)进行杂交,按分离定律和自由组合定律揭示的规律,本应出现四种类型的后代,但实验结果却不是如此,仅出现了两种类型的后代。针对这种反常的遗传现象,摩尔根的进一步研究发现,不同染色体上的基因(摩尔根称遗传因子为基因)能自由组合,而同一染色体上的基因总联在一起,不能自由组合。摩尔根对这一新的遗传规律经广泛概括后,提出了连锁定律。摩尔根进而还发现,在大多数情况下,每个基因连锁群并非永远紧紧地连锁在一起，相对基因之间也会出现一定比例的交换，据此提出了互换定律。可见，连锁定律与互换定律是在分离定律、自由组合定律面临反常或反例时，无法做出合理解释的情况下提出的，因此连锁定律与互换定律具有更大的适用范围，是对分离定律与自由组合定律的补充与发展。

其三，是科学定律不断修正。科学定律面临无法解释的新的经验事实时，不仅需要充实与调整，有时还会暴露出某些与事实相违背的错误之处。此时，必须尊重事实且以事实为依据，修正原定律中的错误，使原定律排除谬误，逐渐形变为一种更为客观、更为精确化的定律。微电子学中的等比例缩小定律就曾经历了一个不断修正、逐渐趋于精化的历程。等比例缩小定律虽然经过多代器件微缩实践的检验，证实其包含一定的真理成分。但随着集成电路器件不断缩小进程的展开，发现了MOS管（芯片上基本单元）性能反常现象。经归因分析，在源极与漏极之间的导电沟道足够长时，沟道中的电场分布较为均匀，而栅极和导电沟道之间的氧化层也足够厚可以对器件起到隔离作用。然而，随着器件尺寸的不断微缩，导电沟道的长度不断缩小，使源漏之间的电压对导电沟道产生影响，沟道内的电场分布不再均匀。而栅氧化层的厚度变薄和结深不断减小，以至薄到只有几层原子的厚度时，其隔离作用大大减弱，导致氧化层被电压所击穿。可见，随着器件尺寸微缩到一定程度所产生的短沟道效应、窄沟道效应、热载流子速度饱和效应等已无法保证芯片上电流-电压的稳定状态,等比例缩小定律的局限性和不完备性开始显露,新事实逼迫等比例缩小定律做适当修正。其实,这种修正是科学定律发展中的正常现象。在器件尺寸未缩小之前,人们根本无法预见器件尺寸缩小可能产生的各种效应。正是等比例缩小定律的指导功能使器件尺寸缩小伴随的各种效应得以显露,为人类研究、消除一定条件下客观存在的各种效应提供了可能,也为等比例缩小定律的修正指明了方向。如今,在维持等比例缩小定律的基本命题不变的前提下,运用一些辅助性技术,已基本解决了氧化层击穿、结电阻过大等各种问题。因辅助性技术的纳入而做适当修正后的等比例缩小定律,已变得更为准确与完善。

化学学科中的元素周期律也曾做过明显的修正。起初以原子量来说明元素性质的周期性变化,具有明显的缺陷。此后,原子物理学领域获得了重大发现,尤其是化学元素的放射线、X射线的波长和周期表中原子序数关系的发现,使人们认识到原子核的正电荷数等于原子序数。据此,英国科学家亨利·莫斯莱(Henry Moseley)确定了化学元素的原子序数和原子核正电荷的联系。接着,卢瑟福(Ernest Rutherford)和玻尔(Niels Henrik David Bohr)在实验基础上又获得了关于原子结构的认识(即原子核的质子数和原子序数相一致)。至此,人们对化学元素性质的周期性变化与原子序数之间的内在关联性都获得了充分的认识。于是,元素周期律在诸多科学发现转变人们的认识的推动下,做出了重大的修正,即不再用原子量而用原子序数来说明元素性质的周期性变化。

科学定律的修正有时体现为表述形式的不断更新,其中每一种表述形式均试图更接近于真理,但随后却被更为合理、能解释更多事实的新的表述形式所取代。人们的认识正是在科学定律表述形式的不断更新中一步一步向前发展。遗传学中"中心法则"的修正正体现了科学定律这种渐进性发展的实际进程。1957年,DNA双螺旋结构发现者克里克(F. Crick)在实验基础上提出,在DNA与蛋白质之间的RNA可能是中间体。第二年,他又认为在作为模板的RNA同把氨基酸携带到蛋白质肽链的合成之间可能存在一个中间受体。克里克所预测的中间受体很快为此后的实验所证实,它就是tRNA。1961年,雅各布(F. Jacob)和莫诺(J. L. Monod)证实在DNA同蛋白质之间的中间体是mRNA。此后,随着遗传密码被破译,至20世纪60年代,科学已基本揭示了蛋白质的合成机制,这样,遗传学中最为重要的科学定律——"中心法则"的基本形式便获得了确立。当时确立的中心法则其公式可表述为:"DNA→RNA→蛋白质",即遗传信息流量从脱氧核糖核酸(DNA)到核糖核酸(RNA)再到蛋白质的单向信息传递,且这种单向信息流量是不可逆的。然而不久,美国科学家蒂姆(H. Temin)和巴尔的摩(D. Baltimore)分别在瘤病毒中发现并证实反转录酶的存在。在这种酶的参与下,这种病毒可用RNA为模板,反向合成DNA。然后以这段病毒DNA为模板,互补地合成RNA,由此修正了遗传信息不能由RNA传向DNA的错误认识。根据这一科学进展,"中心法则"获得了一次修正。此后,有人在离体实验中观察到,与核糖体相互作用的某些抗生素(如链霉素、新霉素等)能打乱核糖体对信使的选择,而接受单链DNA分子代替mRNA,然后由单链DNA指导,把它的核苷酸顺序译成多肽的氨基酸顺序。还有人发现,细胞核里的DNA可以直接转移到细胞质中的核糖体上,而不需要通过RNA即可控制蛋白质的合成。这样"中心法则"又获得了新的修正。1967年,梅克勒(Mehler)对实验结果做深入分析后指出,蛋白质的空间构型有可能被"逆转录"成RNA顺序。1982年,普鲁塞纳(S. Prusiner)在研究羊痒疫(scrapie)的致病因素时发现,其病原体是一种比病毒更为简单的亚病毒。这种病原体含有侵染所必须的物质不是核酸而是蛋白质,故它被称为朊病毒(virino)或蛋白侵染子(prion)。这一发现表明,自然界中可能存在以蛋白质为遗传信息模板去合成蛋白质的机制。如果这种推测性设想真被今后的科学实践所证实,那"中心法则"又将做出新的修正。再次修正后的"中心法则"可能如图5-1所示。

事实上,即使那些被当代科技界公认的科学定律,也可能

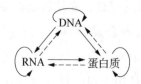

图 5-1 预测的中心法则示意

在科学研究实践的不断深化中,其正确性会受到质疑,将来可能会被修正其表述形式,代之以一种全新的形式。例如,至今我们仍认为质量守恒定律是正确的。然而,不少实验结果表明,系统内物质的质量似乎会发生微小的变化。有迹象显示,放射性蜕变、裂变和聚变之类的核反应,基本粒子反应以及电子与正电子,或质子与反质子的湮灭反应中,实物粒子的质量(静质量)会完全消失。相反,一物体在被加速到接近于光速时,其质量则会显著增大。缘何会发生此类现象?爱因斯坦的相对论认为,质量的改变可以用能量的相应改变来补偿,即能量本身就具有质量。为此,爱因斯坦预言,甚至在化学反应中,静质量也会有微小变化,这种变化是由于热能在反应中被吸收或产生所造成的,故热能也具有质量。然而,凡涉及质量发生改变的化学反应中,其微小的改变是无法测量的,因为相对论所预言的静质量的变化远小于千分之一毫克。由此可见,即使那些被科学实践所反复证实、被科学界公认为相对真理的科学定律,由于新的实验发现,其正确性程度也会受质疑,其命题的表述形式似乎也有修正的余地。至于质量守恒定律未来究竟会怎样形变,我们将拭目以待。

总之,科学定律的渐进性发展的具体形式是多种多样的,但众多形式却具有共同特征,即科学定律的渐进性发展必须是在不改变其基本命题的前提下,对科学定律的部分内容做有限调整与改良。因此在科学定律的渐进性发展中,调整与改良只是次要方面,而继承科学定律的传统命题则是主要方面。当然,这种继承并非排斥创新,事实上创新是科学定律得以发展的基本动力。如果科学定律在渐进性发展中没有任何创新,那科学定律就不会有实质性发展。只有不断用新概念、新原理去充实、调整和修正原有科学定律,科学定律才能有所发展,才能逐渐接近客观真理。

2. 科学定律的革命性变革

科学定律的渐进性发展体现为原命题的充实与改良。然而,随着科学研究实践的发展,一旦原科学定律所面临的无法释疑的反常"事例"越积越多,原科学定律与事实之间的矛盾冲突越演越烈,此时如原科学定律无力以改良方式来解决这种日益尖锐化的冲突,原科学定律便陷入困境。如果此时与原科学定律竞争的新科学定律破土而出,并且因越来越富有成果而不断完善、成熟,最后,旧科学定律终于为新科学定律所取代,这就是科学定律的革命性变革。

科学定律的革命性变革必须依附于经验知识的积累,但又不仅仅是经验知识的简单叠加。科学史上科学定律的变革表明,发现新事实、获取新的经验性知识本身并不能引起新旧科学定律的更替,而只有给新事实和新知识以理论说明,把经验认识上升到新的理论高度,并纳入新的理论学说之中,建立起全新的命题框架,才能实现科学定律的革命性变革。

从本质上讲,科学定律的变革主要表现为基本命题的转换。崭新的基本命题是组建新的科学定律框架的核心。新命题的提出能把人们的认识从传统观念的束缚中解放出来,实现认识上的飞跃,即从错误的认识转变为近似正确的认识,或从不甚深刻的本质认识提升到更深刻的本质认识。

科学定律的变革也表现为研究方法的根本性改变。科学定律的革命性变革不仅仅表现在新旧科学命题的更替上,而且也反映在研究方法的转变上。研究方法的根本性转变,为科学提供了一种新的研究模式,对自然现象的具体研究具有普遍的指导意义。从而有助于人们获得新认识,做出新发现,推动原科学定律发生根本性形变。

科学定律的革命性变革不仅会引起某个分支学科的深刻变化,甚至会导致整个学科领域的大规模变革。诚然,科学定律的革命性变革其规模有大有小,其形式也多种多样,其产生的原因与背景不尽相同,对学科发展与社会的影响也不尽相同。因此,对于科学定律的变革,我们不应当简单地以某种模式去判别,而应当给予历史的具体的分析。不过,有一点却是毫无疑义的,即作为变革后的科学定律必须比原科学定律能解释更多的事实,能获得更为深刻的原理,能做出比原科学定律更多的推断,且这类推断更符合客观实际,这些是科学定律变革的基本要求与判别标准。

科学定律的变革是新科学定律对原科学定律的否定。但这种否定不是排斥与消除一切,而是把原科学定律中的积极成果以另一种形式保存下来,即保留和吸收原科学定律中一切具有真理性的内容。同时,又排除、摒弃原科学定律中的一切相对陈旧与谬误成分。所以,科学定律变革是认识深化运动中的辩证否定。例如,开普勒经长期仔细观察、研究,发现了行星运动规律,形成了行星运动三定律,从而彻底摆脱了托勒密(Ptolemy)学说的陈腐观念和人为的"本轮和均轮"系统的残余,且进一步发展了哥白尼(Nicolaus Copernicus)学说,使之臻于完善,取得了理论计算与观测之间的一致,使人类对行星运动规律达到了一种新的认识。然而,开普勒的行星运动三定律仅是描述性的定律。它们尽管较为完善地描述了行星的运动,但却无法说明行星运动的本质,即行星何以会如此运动。此后,因牛顿的发现,形成了万有引力定律。该定律则较为合理地阐明了行星运动的本质,即各天体之间(甚至任何物体之间)都遵循万有引力定律相互作用。于是,人们只要知道两天体或物体的质量,以及相互之间的距离,依据万有引力定律,就能得知两者的相互作用力。而知道了这种相互作用力,就可依据牛顿的物体运动定律,如同计算陨石运动一样,计算出天体间的全部运动,推知天体的过去且预测其未来运动状态。由此,牛顿形成的力学定律从本质上阐明了行星为什么运动以及如何运动的问题,从而突破了开普勒行星运动三定律涉及的基本命题,是对开普勒行星运动三定律的一次革命性变革,所以牛顿的运动定律要比开普勒的运动定律更为深入、更具有普遍性与概括性特征。不过,牛顿定律对开普勒定律并未全盘否定,而是以其为基础做了深层次发展,就此意义上,牛顿定律对开普勒定律是一种辩证的扬弃。既保留与吸收了原定律中具有相对真理性的内容,同时又摒弃了原定律对天体运动本质不甚深刻的认识,克服了原定律的表面性、狭窄性特征。据此,恩格斯说:"在太阳系的天文学中,开普勒发现了行星运动的规律,而牛顿则从物质的普遍运动规律的观点对这些规律进行了概括。"[22]

综上所述,渐进与变革是科学定律发展的两种形态与不同阶段。在某一时期中,科学定律处于相对稳定的渐进发展状态,而在另一时期中,科学定律则可能处于新旧更替、剧烈变动状态。渐进与变革的交替往复便构成了科学定律发展的实际情景。纵观科学史,不同分支学科的科学定律尽管有其特殊性,各有自己独特的发展轨迹,但它们又遵循共同的普遍模式与一般规律,即发展中既有渐进形态又有变革形态,所以

---

[22] 恩格斯:《自然辩证法》,人民出版社,1984年版,第8页。

科学定律的发展就是渐进的连续性与变革的间断性的辩证统一。一个科学研究者只有了解了科学定律发展的辩证规律及其现有科学定律所处的相对阶段,才能正确地运用科学定律,促进研究进程,或运用更为丰富的经验事实去更新与发展现有的科学定律,使其更合理、完善,以提升人类的认识水平,为学科发展做出自己应有贡献。

附录
自然定律研究文献综述[23]

在自然定律(laws of nature,以下简称"定律")研究中,目前存在三派相互竞争的观点:休谟主义、律则主义和形而上学必然主义。

由于受经验主义传统的深远影响,休谟主义定律观的热衷者络绎不绝。根据这一观点,定律本质上就是恒常联结,没有必然性可言。其素朴版本认为定律就等于恒常联结。但是,实际上没有人真正持有此观点,因为它无法区分定律与偶适概括。根据 Dretske(1977)、Bigelow and Pargetter (1990: 233)的清理,逻辑经验主义阵营中的哲学家 Nelson Goodman 和 A. J. Ayer 等提出,定律是恒常联结加上条件 X,而正是 X 使得定律得以与偶适概括区分开来。然而,那些所加条件要么是认识论的,要么是科学定律的功能,而这些条件往往导致定律失去了客观性。

---

[23] 本文由倪明红撰写。

休谟主义定律观的最高版本依然秉承定律是恒常联结的核心思想，但认为定律要满足系统性的要求，主张定律是描述世界的最佳真演绎系统，这一观点也称为关于定律的最佳系统观，由 Lewis(1973,1986,1994)提出。不少人认为，最佳系统观不仅可以区分定律与偶适概括，而且保证了定律的客观性。此外，定律还可以支持反事实条件句，Lewis(1973)对此有详细论述。

虽然最佳系统观是休谟主义的最高版本，相比以前的版本，它已经取得了很大的进步，但是仍面临重重困难。其中最严峻的挑战来自 Armstrong(1983)和 Carroll(2010)，他们指出最佳系统要求简单性和有力性要达到最佳平衡，但是 Lewis 没有为最佳平衡提供客观标准。Lewis(1994)在回应中指出，我们可以诉诸自然的善来选出最佳系统。然而，这一回应并未得到普遍认可。Armstrong(1983)还批评了 Lewis 的反事实条件句理论，他认为当前件很离奇时，无法在不改变定律的情况下保证前件出现。

Dretske(1977)、Tooley(1977,1987)和 Armstrong(1983,1997)反对休谟主义定律观。他们三人不约而同地提出了律则主义定律观，主张定律是属性之间的律则关系，具有必然性。由于承认律则必然性，律则主义可以区分定律与偶适概括，可以支持反事实条件句，可以为不同类型的科学定律提供形而上学基础。

虽然与休谟主义相比,律则主义具有明显的优势,但是律则主义自身也面临一些严重的批评。其中最被诟病的就是律则必然性的初始性。Ellis（2001）、Lewis（1983）、Lowe（2006）、Mumford（2004）和 Tweedale（2007）都认为将律则必然性作为初始设定是神秘的,甚至是特设性的。

形而上学必然主义主张定律是属性之间的必然联系或自然类的本质属性,定律具有形而上学必然性。其支持者有Bird（2007a）、Tugby（2013a,2013b）、Ellis（2001,2002）和Lowe（2006）。

形而上学必然主义接受属性的倾向观,主张属性具有内在的模态性。关于倾向性属性观的详细讨论,可参见 Molnar（2003）、Tugby（2010）和 Bird（2007a）。由于承认倾向性属性观,形而上学必然主义定律观在解释力上远远胜过前两派。这一派面临的批评就集中在倾向性属性观上。

Armstrong（1997:79;1999;2010）指出,倾向主义可能会导致"迈农主义"（Meinongianism）。Ellis（1999:40）在回应文章中指出,因果力是自然类之间的关系,即刺激环境（事件或过程）的自然类和展现（事件或过程）的自然类之间的关系,是共相之间的关系,因此不会导致迈农主义。

Armstrong（1983:161）认为,如果接受倾向主义,一个属性的同一性就取决于例示它的殊相所具有的因果力,那么一个属性的同一性就由认识论来把握。但是,认识论标准不能作为形而上学断言的根据。其实,Armstrong 批评的正是 Shoemaker(1980)的观点。Armstrong(1997:80)对倾向性属性是否具有实在性提出了质疑,Bird(2007b)指出这一论证是乞题的。

休谟主义的捍卫者 Barker(2009)指出倾向主义中的展现关系是范畴性的,会导致属性的此性主义。而此性主义正是倾向主义批评范畴性属性观所导致的不可接受的后果之一。

参考文献

Armstrong, D. M., 1983, *What Is a Law of Nature?*, Cambridge: Cambridge University Press.

Armstrong, D. M., 1997, *A World of States of Affairs*, Cambridge: Cambridge University Press.

Barker, S., 2009, Dispositional monism, relational constitution and quiddities, *Analysis*, Vol 69(2), 242–50.

Bigelow, J., and Pargetter, R., 1990, *Science and Necessity*, Cambridge: Cambridge University Press.

Bird, A., 2007a, *Nature's Metaphysics: Laws and Properties*. Oxford University Press.

Bird, A., 2007b, The Regress of Pure Powers? *Philosophical Quarterly*, 57(229): 513–534.

Carroll, J., 2010, *Laws of Nature*, available online http://plato.stanford.edu/entries/laws of nature.

Dretske, F., 1977, Laws of Nature, *Philosophy of Science*, 44: 248–68.

Ellis, B., 1999, 'Respond to David Armstrong', in H. Sankey (ed.), *Causation and Laws of Nature*, Dordrecht: Kluwer, 39–43.

Ellis, B., 2001, *Scientific Essentialism*, Cambridge: Cambridge University Press.

Ellis, B., 2002, *The Philosophy of Nature: A Guide to the New Essentialism*, Montreal: McGill-Queen's University Press.

Lewis, D., 1973, *Counterfactuals*, Cambridge: Harvard University Press.

Lewis, D., 1983, New Work for a Theory of Universals, *Australasian Journal of Philosophy*.

Lewis, D., 1986, *Philosophical Papers, Volume II*, New York: Oxford University Press.

Lewis, D., 1994, Humean Supervenience Debugged, *Mind*, 103: 473-390.

Lowe, E. J., 2006, *The Four-Category Ontology*, Oxford: Oxford University Press.

Molnar, G., 2003, *Powers: A Study in Metaphysics*, Oxford: Oxford University Press.

Mumford, S., 2004, *Laws in Nature*, London: Routledge.

Shoemaker, S., 1980, "Causality and Properties", in P. van Inwagen, (ed.), *Time and Cause*, Dordrecht: D. Reidel Publishing Company.

Tooley, M., 1977, The Nature of Laws, *Canadian Journal of Philosophy*, 7:667-98.

Tooley, M., 1987, *Causation*, Oxford: Clarendon Press.

Tugby, M., 2010, *Pandispositionalism: A Study*, Ph D thesis. University of Nottingham.

Tugby, M., 2013a, Platonic Dispositionalism., *Mind* (486), 122.

Tugby, M., 2013b, Nomic Necessity for Platonists. *Thought: A Journal of Philosophy* (4):324-331.

Tweedale, M., 2007, Universals and Laws of Nature, *Philosophical Topics*, 1982:13 (1):25-44.

参考文献

中文文献

N·维纳:《控制论》,郝季仁译,科学出版社,1962 年版。

W·I·B·贝弗里奇:《科学研究的艺术》,陈捷译,科学出版社,1979 年版。

王续琨:"科学创造活动与科学家的灵感",《哲学研究》,1980 年第 1 期。

J·皮亚杰:《发生认识论原理》,王宪钿等译,商务印书馆,1981 年版。

B·A·什托夫:《科学认识的方法论问题》,柳延延等译,知识出版社,1981 年版。

M·巴申:《基础研究的效率》,骆茹敏译,科学出版社,1981 年版。

M·W·瓦托夫斯基:《科学思想的概念基础——科学哲学导论》,范岱年等译,求实出版社,1982 年版。

陈纲伦:"黑箱方法及其意义",《华中工学院学报(哲学社会科学版)》,1982 年增刊。

G. Holton:《物理科学的概念和理论导论》,张大卫等译,人民教育出版社,1983 年版。

黄金南等:《科学发现与科学方法》,华中工学院出版社,1983 年版。

岩崎允胤、宫原将平:《科学认识论》,于书亭等译,黑龙江人民出版社,1984 年版。

张守刚等:《人工智能的认识论问题》,人民出版社,1984 年版。

张恩慈:《认识论原理》,湖北人民出版社,1986 年版。

邹珊刚等:《系统科学》,上海人民出版社,1987年版。

N·M·格鲁什科等:《科学研究基础》,曹瑞等译,上海科学技术文献出版社,1987年版。

N·乔姆斯基:《语言与心理》,牟小华等译,华夏出版社,1989年版。

沙弗尔:《心的哲学》,陈少鸣译,三联书店,1989年版。

李静:"归纳法在经验定律发现中的作用",《现代哲学》,1989年第3期。

李祖扬:"经验定律的形成过程和科学发现模式——科学规律形成的认识论问题探索之一",《南开大学学报》,1996年第4期。

杨治良:《记忆心理学》,华东师范大学出版社,1999年版。

朱宝荣:《现代心理学方法论研究》,华东师范大学出版社,1999年版。

刘放桐等:《新编现代西方哲学》,人民出版社,2000年版。

朱宝荣:《心理哲学》,复旦大学出版社,2005年版。

陈嘉明等:《实在、心灵与信念》,人民出版社,2005年版。

邬焜:《信息哲学》,商务印书馆,2005年版。

W·H·牛顿-史密斯:《科学哲学指南》,成素梅、殷杰译,上海科技教育出版社,2006年版。

J·塞尔:《意向性:论心灵哲学》,刘叶涛译,上海人民出版社,2007年版。

李醒民:"论科学定律",《中国政法大学学报》,2008年第2期。

黄颂杰、章雪富:《古希腊哲学》,人民出版社,2009年版。

俞吾金等:《德国古典哲学》,人民出版社,2009年版。

刘放桐等:《西方近现代过渡时期哲学》,人民出版社,2009年版。

朱宝荣主编:《应用心理学》,清华大学出版社,2009年版。

K·安贝尔:"从一种哲学的观点看当今认识论",《哲学研究》,2011(2):31—33。

帕特里克·苏佩斯:《科学结构的表征和不变性》,成素梅译,上海译文出版社,2011年版。

郭贵春、杨维恒:"中心法则的意义分析",《自然辩证法研究》,2012年第5期。

朱宝荣:《认知科学与现代认识论研究》,上海人民出版社,2013年版。

外文文献

Searle, L. R. , 1980, Mind, Brains and Programs, *The Behavioral and Brain Science*, (3):417-424.

Norman, D. A. , 1981, *Perspectives on Cognitive Science*, Ablex.

Stich, S. P. , 1983, *From Folk Psychology to Cognitive Science*, Bradford.

Churchland, R. M. , 1984, *Matter and Consciousness*, Bradford.

Caclatay, A. , 1986, *Natural and Artificial Intelligence*, Elsevier.

Young, J. Z. , 1987, *Philosophy and the Brain*, Oxford University Press.

Fodor, J. A. , 1987, *Psychosemantics: The Problem of Meaning in the Philosophy of Mind*, MIY Press, 16-17.

Boden, M. , 1990, *The Philosophy of Artificial Intelligence*, Oxford University Press, 106-130.

Nelkin, N. , 1994, Reconsidering Pain, *Philosophical Psychology*, 7(3):325-342.

Kim, J. , 1996, *Philosophy of Mind*, Westview Press.

Chalmers, D. , 1996, *The Conscious Mind: In Search of a Fundamental Theory*, Oxford University Press.

Pollock, John, Cruz, Joseph, 1999, *Contemporary Theories of Knowledge (second edition)*, Rowman and Littlefield Publishers.

Tulving, E. , 2002, Episodic Memory: From Mind to Brain, *Ann. Rev. Psychol*, 53,1-20.

Baars, B. J. , 2003, How Brain Reveals Mind: Neural Studies Support the Fundamental Role of Conscious Experience, *Journal of Consciousness Studies*, (10):100-104.

Werner, E. , 2003, In Silico Multicellular Systems, *Biology*, DDT 8. 1121-1127.

Werner, W. , 2005, The Future and Limits of Systems, *Biology*, Sci. STKE.

Carruthers, P. , 2006, *The Architecture of the Mind*, Oxford

University Press.

Buss, D. , 2007, *Evolutionary Psychology*: *The New Science of the Mind* (*Third Edition*), Pearson.

Rosenthal, D. , 2009, *Higher Order Theories of Consciousness*, In *Oxford Handbook of the Philosophy of Mind*, Clarendon Press.

Rose, R. M. , 2009, Embodying the mind: A Brief History of the Science Integrating Mind and Body, *Neuroimage*, 47(3),785–786.

Block, N. , 2011, The Higher Order Approach to Consciousness is Defunct, *Analysis*, 71(3),419–425.

图书在版编目(CIP)数据

科学定律/朱宝荣著. —上海：复旦大学出版社,2016.1
(当代哲学问题研读指针丛书/张志林,黄翔主编. 逻辑和科技哲学系列)
ISBN 978-7-309-12032-5

Ⅰ.科… Ⅱ.朱… Ⅲ.科学学-研究 Ⅳ.G301

中国版本图书馆 CIP 数据核字(2015)第 310018 号

科学定律
朱宝荣 著
责任编辑/范仁梅 陆俊杰
复旦大学出版社有限公司出版发行
上海市国权路 579 号 邮编：200433
网址：fupnet@ fudanpress.com http://www.fudanpress.com
门市零售：86-21-65642857 团体订购：86-21-65118853
外埠邮购：86-21-65109143
浙江新华数码印务有限公司

开本 850×1168 1/32 印张 8.125 字数 141 千
2016 年 1 月第 1 版第 1 次印刷

ISBN 978-7-309-12032-5/G·1563
定价：35.00 元

如有印装质量问题，请向复旦大学出版社有限公司发行部调换。
版权所有 侵权必究